답이
보이지 않는
상황을
견디는 힘

불확실성을 이기는 비밀,
소극적 수용력

Negative Capability

답이
보이지 않는
상황을
견디는 힘

하하키기 호세이 지음 ─ 황세성 옮김

끌^{Clema}레마

소극적 수용력을 만나다

내가 '소극적 수용력'이라는 개념을 처음 접했을 때 받은 충격을 지금도 생생히 기억하고 있다. 소극적 수용력(negative capability)이란 '어떻게 대처해야 할지 도무지 알 수 없는 상황을 견디는 능력'을 말한다. 혹은 '증명이나 이유를 성급히 찾으려 하지 않고, 불확실하거나 놀랍거나 회의적인 상태에 머무를 수 있는 능력'을 뜻하기도 한다.

내가 규슈대 의대에 재학 중이던 시절, 정신과에서는 국내외에서 발간된 다양한 정신의학 월간지를 구입해 봤다. 월간지를 꽂아둔 서가가 내 책상이 있는 방 근처에 있어서 언제든지 자유롭게 읽을 수 있었다.

서양에서 가장 많은 사람들이 읽는 정신의학 학술지로 〈미국정신의학회지(*American Journal of Psychiatry*)〉를 들 수 있다. 짙은 녹색 표지에 두께는 1센티미터 정도 되며 광택이 흐르는 고급 용지에 인쇄된 잡지로, 부담 없이 읽을 수 있다.

요즘에는 의학도서관에도 서가에 의학 잡지가 많이 꽂혀 있지 않다. 대신 검색용 컴퓨터가 대여섯 대 놓여 있어, 그곳에서 학술지를 보거나 원하는 내용을 출력할 수 있다. 이제는 학술지가 촉감, 무게, 색채를 전부 잃어버리고 무기질이 되어버렸다. 편리함을 얻은 대신 인간미를 잃은 것이다.

어쨌거나 그 학술지에는 생리학, 생화학, 약리학 등 정신의학의 여러 분야를 다룬 논문이 가득 실려 있다. 학술지의 목차를 먼저 살펴본 후 흥미로운 제목의 논문을 골라 정독하는데, 한 권 중에서 관심이 가는 논문은 많아야 두세 편 정도다.

정신의학의 한계

정신과 의사가 된 지 6년이 되었을 무렵이었다. 이 시기에는 정신과 의사로서 어느 정도 자신감이 생기는 동시에 자신의 미숙함을 깨달으며 아직 갈 길이 멀다는 것을 절감하고, 두 개의 상반된 감정 사이에서 중심을 잡지 못하고 흔들린다. 즉 정신과 의사라는 직업 자체와 그 바탕에 깔린 정신의학의 한계를 깨닫기 시작하는 시기라 할 수 있다.

수련의 시절에 보면, 경과가 좋아졌다고 생각한 환자가 이후 다른 병원을 전전하다가 몇 년 뒤에 다시 대학병원에 돌아와 입원하기도 한다. 심지어 예전보다 증세가 더 악화되는 경우도 있다. 그런가 하면 대학에 다니는 동안에 입원해 있던 환자가 몇 년 동안이나 입원 생활을 지속한 것을 본 적도 있다.

정신과 의사가 의사로서 할 수 있는 일은 과연 무엇일까? 아니, 애초에 의학의 한 분야인 정신의학 자체에 어떤 힘이 있기는 한 걸까? 정신과 의사가 되고 5~6년 정도가 지나면 이러한 불안감에 휩싸여 서서히 자신감을 잃기 시작한다.

그런 시기를 보내던 내 눈에 「공감을 향해. 놀라움의 활용」이라는 제목의 논문이 들어왔다. '이건 뭐지?' 하는 생각이 들었다. '공감(empathy)'은 이해할 수 있었다. 정신과 의사가 되었을 무렵부터 귀에 못이 박이게 들은 말이고, 실제로 환자들을 만나면서 공감이 얼마나 중요한지 통감하고는 했다. 공감이란 간단히 말하면 '상대방을 배려하는 마음'이다.

하지만 실제로는 매우 막연하고 심오한 개념이어서 쉽게 체득할 수가 없다.

이러한 '공감'을 '놀라움'과 연결한 것이 신기해서 그 자리에 선 채로 책장을 넘기며 본문을 읽어나가기 시작했다. 논문의 저자는 어차피 모르는 사람이기에 관심 두지 않았다. 흔히 의학 논문은 서두에 그 내용이 간략히 요약되어 있다.

인간은 타인의 내적 경험에 어떤 식으로 접근해나갈 수 있을까? 공감하는 마음으로 타인을 탐색하려면 탐구자에게 결론을 유보할 수 있는 창조적인 능력이 필요하다. 현상학이나 정신분석학의 창시자들은 문제를 매듭짓지 않고 새로운 가능성을 향해 마음을 보다 쉽게 열 수 있도록 방법을 발전시켰다. 특히 에드문트 후설의 현상학적 환원과 지그문트 프로이트의 자유연상 같은 기본 공식은 예술적 관찰의 본질을 명시한 키츠의 기술과 유사성을 띤다. 경험의 핵심에 접근하려고 한 키츠의 탐구는 상상을 통해 공감에 이르는 길을 비추어준다.

후설과 프로이트라면 공감이라는 개념을 생각할 때 당연히 인용될 법하다. 하지만 여기에 시인 키츠가 등장하는 이유는 무엇일까?

호기심이 일어 논문을 계속 읽어내려가자 그 뒤에 '소극적 수용력'에 대한 내용이 나와 있었다.

키츠는 형제에게 쓴 편지에 윌리엄 셰익스피어가 '소극적 수용력'을 지닌 인물이었다고 적었다. 소극적 수용력이란 '어떤 사실이나 이유를 황급히 찾으려고 하지 않고, 불확실하거나 놀랍거나 회의적인 상태를 견딜 수 있는 능력'을 말한다.

능력이라고 하면 흔히 뭔가를 달성하는 것을 가리키는 경우가 많다. 하지만 그 논문에서는 어떤 일을 처리해서 문제를 해결하는 능력이 아니라, 그런 일을 하지 않는 능력을 칭찬했다. 더군다나 그러한 능력이 그 유명한 셰익스피어에게도 있었다고 하니 흘려 읽을 수가 없었다.

논문을 계속 읽어내려가자 키츠가 시인에 대해 이야기한 부분도 인용되어 있었다.

시인은 모든 존재 중에서 가장 시적이지 않다. 시인에게는 정체성(identity)이 없기 때문이다. 시인은 늘 정체성을 찾으려고 애쓰지만 결국 찾지 못하고, 그 자리를 다른 물체로 채운다. 신이 만든 충동의 산물인 태양과 달, 바다, 남자와 여자 등은 시적이며 변하지 않는 속성을 지닌다. 하지만 시인에게는 아무것도 없다. 정체성이 없다. 신이 만들어낸 온갖 창조물 중에서 가장 시적이지 않다. 자신이라는 존재가 없는 것이다.

나는 그제야 키츠가 말하고자 했던 진의를 파악한 듯한 느낌이 들었다. 정체성을 지니지 못한 시인은 사력을 다해 정체성을 모색하는 과정에서 다른 사물의 본질에 도달하는 것이다. 그처럼 허공에 매달린 상태를 지탱하는 힘이 바로 소극적 수용력인 듯했다. 키츠는 소극적 수용력을 지닌 대표적인 인물로 셰익스피어를 들었지만, 사실은 시인이야말로 소극적 수용력을 지녀야 한다고 말하는 것이다.

불확실한 상황이나 정황을 그대로 지켜보면서 놀랍고 의심스러운 상황을 견디는 능력. 논문의 저자는 그러한 능력이 대상의 본질에 깊이 다가가는 방법이며, 그 대상이 사람일 경우 상대방을 진심으로 배려하는 '공감'에 다다르는 방법이라고 결론지었다.

논문의 저자는 하버드대학교 의대 정신과 소속으로 나와 있었다. 하지만 30년이 지난 지금 저자가 어떤 인물이었는지는 기억하지 못한다. 키츠가 말한 소극적 수용력을 공부하고 나자 논문의 저자에 대한 관심이 사라져버렸다.

내 마음을 뒤흔든 논문

의학 논문이라면 예나 지금이나 셀 수 없을 정도로 많이 읽는다. 하지만 고희에 접어든 지금까지 그 논문만큼 내 마음을 흔들어놓은 글은 없다. 그때 충격을 받아 공부한 소극적 수용력이라는 개념이 그 후로 줄곧 나를 지탱해주고 있다.

어려운 상황에 직면할 때마다 이 능력이 머리를 스쳤다. 이 말을 떠올릴 때마다 도망치지 않고 당면한 상황을 버텨낼 수 있었다. 그런 의미에서 소극적 수용력은 내게 생명의 은인과도 같은 개념이다.

소극적 수용력은 어떤 '문제'를 성급히 규정해버리거나 어설픈 지식 사용 혹은 의미 부여를 통해 아직 해결되지 않은 문제를 성급히 매듭짓지 않고, 어중간한 상태를 견디는 것이다. 하지만 실제로 이를 실천하기란 쉽지 않다.

본문에서 설명하겠지만, 인간의 뇌는 어떤 문제에 대해 '알고자' 하기 때문이다. 우리가 여러 사회현상, 자연현상, 질병과 고뇌 등에 다양한 의미를 부여해가며 이를 '이해'하고 '알아내려고' 하는 것도 그러한 뇌의 성향 때문이다.

눈앞에 뭔지 모를 신기한 것이나 불쾌감을 주는 것이 방치되어 있을 때 뇌는 혼란을 느낀다. 그리고 그러한 혼란에서 벗어나기 위해 눈앞에 놓인 존재에 어떻게든 의미를 부여해 그것이 무엇인지 '알아내려고' 한다. 사람들이 각종 '노하우'나 '비법'을 좋아하는 이유도 이 때문이다.

무언가를 '알아내려고' 하는 욕구의 궁극적인 형태가 바로 매뉴얼이다. 매뉴얼만 있으면 그 자리에서 벌어지는 현상을 모두 '아는 것'으로 정리해버릴 수 있고 대처법도 정할 수 있다. 즉 매뉴얼은 인간이 뇌를 써서 고민하지 않도록 고안된 것이라 할 수 있다.

적극적 수용력과 소극적 수용력

하지만 매뉴얼에는 큰 함정이 숨어 있다. 나중에 좀 더 자세히 설명하겠지만, 우리가 매뉴얼을 통해 '알게 되는 것'은 매우 저차원적인 이해에 불과하며, 그것만으로는 고차원적인 단계로 발전하지 못한다. 게다가 매뉴얼을 잘못 이해하기라도 한다면 사태가 더욱 심각해진다.

우리는 '능력'이라고 하면 흔히 재능이나 재치, 사물 처리 능력 등을 상상한다. 현재의 학교교육이나 직업교육이 추구하는 것이 바로 이러한 능력이다. 문제가 발생했을 때 정확하고 신속하게 대처하는 능력을 익히게 하는 것이다.

소극적 수용력은 이와는 반대되는 능력이다. 논리적으로 따지지 않고, 그 어떤 결론도 내리지 않은 채 불확실한 상태를 피하지 않고 끝까지 견디는 능력이다.

키츠는 셰익스피어에게 이러한 능력이 있었다고 보았다. 내 생각도 마찬가지다. 셰익스피어는 소극적 수용력이 있었기에 『오셀로』의 질투, 『맥베스』의 야심, 『리어왕』의 망은, 그리고 『햄릿』의 자기 회의를 그토록 생생하게 그려낼 수 있었을 것이다.

우리가 평소에 늘 염두에 두고 필사적으로 추구하는 것은 말하자면 '적극적 수용력(positive capability)'이다. 하지만 이 능력은 자칫 표면적인 '문제'만을 파악하고 그 아래에 깊이 숨어 있는 본질적인 문제를 놓쳐버릴 수 있다. 만약 문제의 해결방법이나 처리방법을 찾을 수 없는 상황에 봉착한다면 그저 도망칠 수밖에 없다. 아니, 애초에 그런 상황까지 가지도 못할 것이다.

역시 우리 인간은 이해할 수 없는 일이나 손을 쓸 수 없는 상황에 직면하는 것을 좋아하지 않는다. 어서 빨리 해답을 찾아내거나 차라리 끝내고 싶어한다.

하지만 우리가 사는 인생이나 사회에는 아무리 애를 써도 변하지 않는 것이나 어찌할 도리가 없는 일들이 가득하다. 오히려 그런 일들이 쉽게 이해하거나 처리할 수 있는 일보다 훨씬 많지 않을까?

그렇기에 소극적 수용력이 더욱 중요한 것이다. 나는 이러한 능력을 알게 된 후로 인생을 사는 법이나 정신과 의사라는 직업, 작가로서의 창작 활동 모두가 한결 수월해졌다. 소위 '버티는 힘'이 생긴 것이다. 그 정도로 이 능력은 저력을 발휘한다.

이 책에서는 이제껏 제대로 논의된 적이 없는 이 신기한 힘을 다양한 각도에서 접근해보겠다.

1장에서는 시인 키츠의 비극적인 삶을 살펴보고, 그 길지 않은 삶에서 어떻게 소극적 수용력을 발견했는지 알아본다. 2장에서는 키츠가 발견한 소극적 수용력을 정신과 의사 윌프레드 비온이 어떻게 재발견했는지 알아보고 그의 파란만장한 삶을 짚어본다.

3장에서는 소극적 수용력의 불씨를 꺼뜨리기 쉬운 인간의 뇌에 대해 알아본다. 4장에서는 소극적 수용력을 경시하고 있는 의료 현장을 엿보고, 5장에서는 소극적 수용력이 꼭 필요한 정신과에서 진행하는 카운슬링에 대해 설명한다. 6장에서는 뇌의 '희망하는 힘'을 이용해 소극적 수용력을 발휘하는 전통 치료사의 행위를 검증한다.

7장에서는 소극적 수용력 없이는 성립하지 않는 창조행위의 심오함에 관해 설명하고, 8장에서는 소극적 수용력을 120% 발휘한 작가로 셰익스피어와 무라사키 시키부를 소개한다.

9장에서는 소극적 수용력을 잃고 살벌해진 교육에 대해 논하고, 10장에서는 인간과 인류의 생존에 가장 필요한 '관용'에 대해 이야기한다. 관용이란 전쟁을 피하고 평화를 유지해나가는 것이며, 관용의 토대를 이루는 것이 바로 소극적 수용력이기 때문이다.

여러분이 부디 이 책을 읽고 소극적 수용력이라는 능력을 조금이라도 깨달아 앞으로 힘든 삶을 살아가는 데에 도움이 되길 바란다. 소극적 수용력이라는 개념을 아는 사람과 모르는 사람이 느끼는 삶의 무게는 하늘과 땅 차이다. 우리가 사는 세상에는 적극적 수용력에 대한 믿음이 만연해 있기 때문이다. 이 책을 읽고 나면 그 변화를 스스로 실감할 것이다.

차례

천재 시인 키츠가
시작한
소극적 수용력

천재 시인 존 키츠가
세상을 떠난 곳을 찾아서

　　소극적 수용력(negative capability)이라는 말을 처음 사용한 영국의 천재 시인 존 키츠(John Keats)는 1795년에 런던에서 태어났다. 하지만 그가 죽음을 맞이한 곳은 뜻밖에도 로마였다. 그는 로마의 스페인 광장 맞은편 우측에 위치한 아파트에서 1821년 2월 23일 금요일 오후 4시 반에 숨을 거두었다. 스물여섯 살 생일이 채 지나지도 않은 젊은 나이였다.

　나는 키츠의 일생을 되짚어보려면 무엇보다 먼저 그의 죽음을 살펴볼 필요가 있다고 생각한다. 타향에서 맞이한 죽음이야말로 키츠의 비극이 집약되어 있는 결정체이며, 그의 죽음을 들여다보고 있으면 그가 짧은 생을 통해 남긴 소극적 수용력이라는 귀중한 개념이 마치 기적처럼 느껴지기 때문이다.

2015년 5월, 나는 오랫동안 줄곧 방문하고 싶었던 그곳에 드디어 발을 디뎠다.

존 키츠가 객사한 건물은 많은 사람들이 알고 있는 로마의 스페인 광장 바로 옆에 위치해 있다. 영화 〈로마의 휴일〉을 통해 단숨에 대표적인 관광 명소가 된 스페인 광장은 지금도 아침부터 밤까지 인파가 끊이지 않는 곳이다. 로마에 장기간 머물지 못했기 때문에 나는 광장 근처에 위치한 작은 호텔에 숙소를 잡고 그곳을 여러 차례 방문했다. 5월을 맞은 로마의 햇살은 강렬했고, 계단마다 빼곡히 놓인 부겐빌레아 화분에는 화사한 자주색 꽃이 흐드러지게 피어 있었다. 젊은이들은 계단에 앉은 채 오래 머물렀고, 오가는 사람들은 그 사이를 뚫고 지나갔다. 하지만 수많은 관광객들로 붐비는 스페인 광장에서 계단 밑 좌측에 위치한 '키츠 앤드 셸리 기념관'을 찾는 이는 거의 없었다.

기념관이라고는 해도 사실 평범한 아파트이기 때문에 3층으로 올라가는 계단은 매우 좁고 가팔랐다. 안에는 갈색 책상 앞에 앉은 젊은 여성 한 명이 접수를 맡고 있었다. 키츠가 머물렀던 방과 주위의 몇몇 방에 기념품이 전시되어 있고, 곳곳에 다양한 설명을 적은 액자가 걸려 있다. 물론 접수처 근처에 마련된 상점에서는 키츠와 관련된 책을 판매하기도 했다. 일본에서 구하기 힘든 책의 표지를 들여다보고 있자 앞서 이야기한 직원이 미안하다는 듯이 영어로 말을 걸어왔다. "지금 열두 시가 되어서 문을 닫아야 합니다. 이따 오후 두 시에 다시 문을 엽니다."

점심시간이라고 문을 닫아버리다니……. 참, 여기는 이탈리아였지. 조금 어이가 없었지만, 어쩔 수 없이 밖으로 나와 점심식사를 마치고 다시 기념관으로 향했다.

오후 두 시보다 조금 이른 시각, 이번에는 다른 백인 직원이 나타났다. 웬 동양인이 기다리고 있는 모습이 신기했는지 잠시 힐끗거리더니 문을 열어주었다.

다시 3층으로 올라가 창밖을 내려다보니 거리는 오전보다 더욱 많은 사람들로 붐비고 있었고, 젤라토를 먹으며 더위를 식히는 관광객들의 모습이 여기저기 보였다.

키츠가 머물렀을 당시만 해도 이곳 스페인 광장은 관광 명소이기는커녕 매우 한산한 곳이었을 것이다. 동네 주민들이 싸늘한 날씨에 어깨를 움츠린 채 걸어다니고, 마차가 지나가며 말발굽 소리와 바퀴 소리만을 쓸쓸히 남겼을 것이다.

죽음을 앞둔 키츠는 어떤 심정으로 이 거리를 내려다보았을까? 키츠에게 모국을 떠난다는 것은 사랑하는 연인과 헤어져야 한다는 뜻이었다. 아무리 주치의가 요양을 위해 로마로 갈 것을 권했다고 해도 연인을 남겨둔 채 로마로 떠나올 수밖에 없었던 회한이 그의 마음을 무겁게 짓눌렀을 것이다.

하지만 키츠가 남긴 편지에서는 이러한 후회의 감정을 조금도 찾아볼 수 없다. 더군다나 그가 영국에 보내기 위해 이 방에서 쓴 편지는 단 한 통이다. 1820년 11월 30일 친구에게 보낸 짧은 편지가 그의 마지막 글이 되고 말았다. 그는 그 편지에 "편지를 쓰는 것조차 매우 큰일이 되고 말았어", "위가 아파. 책을 펼치기만 해도 위가 아파"라고 적었다.

불타오르는 듯한
사랑의 편지

영원한 잠에 빠져들기 전까지 키츠를 지탱해준 것은 연인 페니 브론(Fanny Brawne)을 향한 뜨거운 사랑이었다. 그녀 앞으로 쓴 서른일곱 통의 편지는 영국문학을 대표하는 아름다운 연서로 영원히 살아 숨 쉴 것이다.

키츠가 페니 브론에게 보낸 서른일곱 번째 편지는 이탈리아로 떠나기 전에 쓴 것이다. "사랑하는 그대에게"로 시작한 편지는 "그대에게 신의 축복이 있기를"이라는 말로 끝나며, 마지막에 "당신이 사랑하는 키츠로부터"라는 말이 덧붙여져 있다.

부디 당신이 없어도 내가 행복할 수 있는 방법을 찾아주세요. 시간이 흐를수록 당신을 향한 나의 사랑은 깊어지기만 합니다. 다른 일은 마치 입 안에 든 왕거나 마찬가지예요. 이탈리아로 떠나는 것은 거의 불가능할 것 같아요. 즉 저는 당신 곁을 떠날 수 없답니다. 그리고 당신과 함께 사는 행운이 주어질 때까지 저는 단 일 분도 만족할 수 없어요. (…) 만약 당신과 함께 살 수 없다면 저는 앞으로 홀로 살아갈 겁니다. 당신과 떨어진다면 제 건강은 회복되지 못할 거예요. (…) 당신과 함께 행복하게 사는 것은 불가능해요. 그러려면 지금보다 훨씬 더 많은 행운을 안고 태어나야 해요. (…) 내 앞에는 오직 가시밭길만이 펼쳐져 있습니다. (…) 세상은 내게 너무나 가혹했어요. 무덤이라는 것이 있어서 정말 다행이에요. 그곳에 다다르기 전까지 저는 휴식을 찾지 못할 겁니다. (…) 부디 진실한 그대의 두 팔 안에 머물 수 있기를, 그럴 수 없다면 차라리 벼락을 맞아 산산이 부서지고 싶습니다.

죽음을 예감한 문장으로 가득 찬 이 편지에는 키츠의 비통한 마음이 그대로 담겨 있다. 건강을 잃은 자신은 이제 사랑하는 연인과 맺어질 자격이 없다고 포기하지만, 한편으로는 어디선가 멋진 남성이 나타나 그녀와 함께 행복한 삶을 살게 되는 것을 마냥 순순히 기뻐하지만은 못하는 키츠의 안타까운 마음이 절절히 느껴진다.

키츠는 연서를 쓰는 한편, 각고의 노력 끝에 불과 두 달 사이에 방대한 운문을 남겼다. 그의 시는 영시의 귀감으로 오랜 세월 동안 사람들에게 회자되고 있다.

25년이라는 짧은 생애를 살다 간 키츠가 그 시간 동안 산문과 운문에 뛰어난 능력을 발휘한 것은 실로 기적이라고밖에 말할 수 없다. 나는 키츠가 소극적 수용력이라는 개념을 일찍 깨달은 것이 이러한 기적을 가능하게 했다고 생각한다.

그러므로 젊은 청년이었던 키츠가 어떻게 그 개념에 도달할 수 있었는지, 그의 삶을 살펴보고 그의 생각을 추적해보려고 한다.

키츠의
짧고 빛난 생애

키츠가 태어났을 당시, 아버지 토마스는 스물두 살, 어머니 프란시스는 스무 살의 젊은 나이였다. 프란시스의 아버지는 부유한 사업가였고 토마스는 그곳의 직원이었다. 둘은 1794년 11월에 결혼했고 키츠는 이듬해인 1795년, 임신 7개월 만에 미숙아로 태어났다. 향락을 좋아한 키츠의 어머니가 술을 즐겨 마셨기에 그는 태아성 알코올증후군을 앓았다. 임신한 상태에서 알코올을 섭취하면 알코올이 태반을 쉽게 통과해 태아의 뇌에 손상을 입히는데, 그렇게 태어난 아이에게 나타나는 장애가 태아성 알코올증후군이다. 일반적으로는 소두증에 걸리거나 입술 위에 움푹 팬 인중이 없어진다. 지능도 낮은 경우가 많다. 하지만 키츠는 결코 지능이 낮다고 볼 수 없었다. 오히려 언어 능력이 매우 뛰어났던 것으로 보인다. 하지만 그의 작은 머리와 돌출된 입술을 보면 태아성 알코올증후군을 앓았다는 사실을 알 수 있다.

키츠의 부모는 그 후 2년 간격으로 남자아이를 출산한다. 1797년에는 둘째 조지, 1799년에는 셋째 톰 그리고 다시 2년 뒤에는 넷째 에드워드가 태어났다. 당시 키츠 일가는 한창 확장 중이던 런던 교외에 살았다.

에드워드는 오래 살지 못하고 한 살에 죽었는데 그때 키츠는 여섯 살이었다. 그 무렵부터 이웃 사람들은 그가 장차 시인이 될 거라고 떠들어댔다. 어린 키츠는 형이나 어른이 질문하면 늘 질문의 마지막 말에 운을 맞추어 대답하기를 좋아했기 때문이다.

키츠는 대도시 런던과 그 교외에 위치한 시골에서 어린 시절을 보냈다. 그가 살던 집의 북쪽에는 아름다운 정원이 있었고 그 안쪽에는 목장이 자리했다. 남쪽으로는 정원을 마주하고 여러 집과 공장이 들어서 있었다.

키츠는 어린 시절 외갓집에서 즐긴 호화로운 저녁식사를 오래도록 기억했다. 많은 부를 축적했던 외할아버지의 집에도 몰락의 그림자가 드리우던 시기였지만 말이다. 어쩌면 키츠는 화려한 만찬 뒤에 숨어 있는 어두운 그림자를 느낀 것이 아닐까? 그리고 그것이 훗날 화려함 뒤에 숨어 있는 어두운 시심의 원천이 되었을지도 모른다.

에드워드가 죽은 후, 이듬해인 1803년에 장녀 페니가 태어났다. 그 해에 키츠는 동생 조지와 함께 레브런드 존 클라크 학교(Reverend John Clarke's School)라는 유명 초등학교에 입학했다. 쟁쟁한 교사들이 가르치는 이 학교는 불과 7년 전에 그의 생가 근처인 엔필드(Enfield)라는 마을로 이전해 온 참이었다. 이 학교에서 보낸 7년의 시간이 키츠의 소양에 결정적인 영향을 끼쳤다. 이곳은 전통보다 실리를 중시해 학생들에게 천문학, 생물학, 고전, 프랑스어, 원예, 역사, 산수, 기계, 광학 등 다양한 과목을 가르쳤다.

이듬해인 1804년 4월, 키츠의 아버지가 기숙사에 머물던 키츠와 남동생을 만나러 말을 타고 왔다가 돌아가는 길에 낙마해 머리에서 피를 흘리는 상태로 발견되었다. 아버지는 결국 밤중에 숨을 거두고 말았다. 말을 잘 탔던 아버지가 어쩌다 이런 사고를 당한 것인지, 목격자가 없어 원인은 영영 밝혀지지 않았다.

아버지의 장례식은 4월 23일에 열렸다. 묘하지만, 4월 23일은 셰익스피어(William Shakespeare)의 생일로 추정되는 날이기도 하다. 그 후 키츠는 셰익스피어를 언급할 때마다 아버지의 죽음을 상기하게 되었다.

남편을 잃은 당시 키츠 어머니의 나이는 불과 스물아홉 살이었다. 네 살인 톰과 태어난 지 불과 열 달밖에 되지 않은 페니는 외갓집으로 보내졌다. 키츠의 어머니는 남편의 장례식이 끝난 지 두 달 만에 재혼했다. 재혼 상대는 어머니보다 나이가 어렸으며, 그들의 결혼식에 가족은 참석하지 않았다.

돌아가신 아버지의 자리를 갑자기 차지한 계부와 상복을 입고 얼마 되지 않아 바로 재혼해버린 어머니를 키츠가 순순히 받아들일 리 없었다. 키츠와 동생들은 어머니에게 버림받았다고 느꼈으며, 고아 같은 처지가 되었다. 다행히 학교에서는 친한 친구들이 생겼다. 특히 그를 유독 예뻐한 인물이 교장의 아들인 찰스 카우던 클라크(Charles Cowden Clarke)였다.

1805년 11월, 키츠가 열 살일 무렵, 넬슨 제독이 트라팔가르 해전에서 승리를 거두고 전사했다는 소식이 전해졌다.

이 무렵 키츠의 외할아버지 또한 세상을 떠나서 이제는 외할머니가 키츠와 동생들을 돌보게 되었다. 이때부터 삼남인 톰도 같은 기숙사에 들어오게 되었다. 세 형제는 여름방학이 시작되면 몇 마일이나 되는 거리를 걸어서 에드먼턴(Edmonton)으로 이사한 외갓집으로 돌아가 그곳에서 당시 세 살이던 여동생 패니와 함께 지냈다. 현관에 서서 기숙사로 돌아가는 마차를 끝까지 배웅하던 여동생의 모습이 키츠에게는 평생 잊히지 않는 기억으로 남았다.

키츠는 에드먼턴의 아름다운 자연을 유난히 사랑했다. 여름에는 아침 일찍 일어나 주위를 산책했다.

부모와도 연을 끊고 아이들을 버리고 재혼한 어머니는 이 무렵 알코올의존증이 더욱 심해져 결국 남편과도 이혼했고, 그 후로 한동안 소식을 알 수 없었다.

다섯 살이 된 페니는 기숙사에 머물던 오빠들을 자주 찾아왔다. 넷이서 함께 기숙사의 정원을 거니는 훈훈한 광경을 교사들은 미소를 띤 채 지켜봤다.

1809년, 이미 알코올과 헤로인에 중독되어 몸이 망가진 어머니가 외할머니와 화해하고 5년 만에 에드먼턴의 친정으로 돌아왔다.

당시 열세 살인 키츠는 학교 도서관에 앉아 책을 읽는 데 열중했다. 키츠가 특히 관심을 보인 책은 고전과 역사, 신화를 총망라한 백과사전이나 사전 종류였다. 키츠는 성적 우등상을 타서 어머니를 깜짝 놀라게 만들겠다고 결심하고 열심히 공부했다. 반 친구들이 운동장에 나가 노는 동안에도 라틴어와 프랑스어를 공부하고, 저녁식사 시간에도 책을 손에서 놓지 않았다. 그 결과 우등상을 타기는 했지만, 어머니는 갈수록 쇠약해져만 갔다.

어머니의 침대 곁에는 브랜디 병과 류마티스 관절염의 통증을 완화하기 위해 의사가 처방한 아편이 놓여 있었다. 키츠는 아픈 어머니를 위해 식사를 준비하고 소설을 읽어주었다. 밤에는 외할아버지가 쓰던 커다란 의자에 앉아 어머니의 곁을 지켰다. 그러나 어머니는 날이 갈수록 호흡이 가빠졌고, 쉴 새 없이 기침을 쏟아냈다.

결국 1810년 3월, 키츠의 어머니는 서른다섯의 나이에 숨을 거두었다. 아버지가 죽은 지 불과 6년 만의 일이었다. 사남매의 부모를 대신할 사람은 이제 일흔세 살이 된 외할머니뿐이었다. 자신에게 시간이 얼마 남지 않았다는 것을 깨달은 외할머니는 유산을 손주 넷이 물려받을 수 있도록 법적 조치를 취했다.

문학과
의사의 길

키츠의 친구인 카우던 클라크는 어머니를 잃고 슬퍼하는 키츠에게 로마 시인 베르길리우스의 〈아에네이스〉를 영어로 번역해보라고 권했다. 안타깝게도 키츠가 번역한 원고는 남아 있지 않지만, 그 장대한 서사시를 번역하는 과정에서 그가 시를 쓰는 기술을 익힌 것만은 분명하다.

그해에 키츠와 동생 조지는 학교를 떠났다. 열세 살이던 조지는 회계사무소에 들어갔고, 열다섯 살이던 키츠는 조부모의 주치의인 토마스 해먼드(Thomas Hammond)의 집에 도제로 머물렀다. 의사가 되기로 한 것은 키츠 본인의 의사가 아니라 주변의 권유 때문이었던 것 같다. 사람들에게 존경을 받고 높은 수입도 올리는 직업이었고, 어머니를 앗아간 질병을 고치는 일이기도 했기에 아마 키츠도 이를 거부할 수 없었을 것이다.

해먼드 의사는 키츠의 외할머니댁 근처에 살고 있었고, 키츠와 비슷한 또래의 자녀도 키우고 있었다. 도제 수업은 5년으로 예정되어 있었다. 키츠가 처음 맡은 일은 환약 만들기, 클리닉 청소, 병세척 등이었다. 그 다음 단계로 상처 치료, 발치, 탈구나 골절 치료법을 배워나갔다.

하지만 해먼드 의사와 그리 원만하게 지내지 못한 키츠는 4년 뒤에 스승의 곁을 떠났다. 같은 시기에 동생 톰도 학교를 졸업해 형 조지가 근무하는 회계사무소에서 함께 일하게 되었다.

해먼드 의사의 곁을 떠난 키츠는 1814년부터 1816까지 성 토마스 병원(St. Thomas's Hospital)과 가이 병원(Guy's Hospital)에서 수업을 받았다. 키츠는 바쁜 와중에도 한 달에 대여섯 번 정도는 카우던 클라크를 만나기 위해 엔필드에 다녀왔다. 키츠는 클라크의 권유로 에드먼드 스펜서나 존 밀턴, 윌리엄 셰익스피어, 토르콰토 타소의 작품 등을 접하기 시작했다.

1813년에 키츠는 클라크 앞에서 자작시를 낭독하기 시작했다.

이듬해인 1814년, 런던으로 간 키츠는 동생 조지와 함께 연립주택을 빌렸다. 그리고 1816년까지 2년 동안 이곳에 살면서 병원 두 곳의 강의와 해부실습에 참석했다.

그 무렵 전쟁에서 계속 승리를 거두던 나폴레옹도 동쪽의 러시아, 북쪽의 영국, 남쪽의 스페인으로부터 압박을 받고 있었다. 키츠는 이러한 역사의 물결을 시를 쓰는 데 활용하는 한편, 런던에서 보내는 생활을 마음껏 즐겼다.

그러던 중 1814년 12월, 외할머니가 일흔여덟의 나이에 숨을 거두었다. 외할머니의 손에 자라던 여동생 페니는 아직 열한 살이 었기에 후견인에게 맡겨졌다.

그 동안에도 키츠는 시를 꾸준히 썼다. 남동생 두 명은 형 키츠의 감정 기복이 심하다는 사실을 눈치챘다. 활동적인 것처럼 보이다가도 어느 순간에는 몹시 침울해지고는 한 것이다.

이 시기에 키츠가 존경하던 인물이 있었다. 바로 카우던 클라크와 친분이 있던 시인 리 헌트(Leigh Hunt)였다. 그는 자유주의적인 주간지 〈이그재미너(The Examiner)〉를 만든 장본인으로, 정부를 비판했다는 이유로 재판에 넘겨져 2년간 투옥되었다.

리 헌트가 형을 살고 석방된 1815년 2월 2일, 키츠는 그의 석방을 축하하는 시를 쓰고, 이를 클라크를 통해 헌트에게 전달했다. 하지만 안타깝게도 키츠의 바람과는 달리 〈이그재미너〉는 키츠의 시를 실어주지 않았다.

의학생이던 키츠는 그쪽 방면으로도 여러 사람들과 어울렸는데, 그중에서 당시 스물여섯 살의 젊은 변호사 리처드 우드하우스(Richard Woodhouse)와 친해졌다. 우드하우스는 책을 많이 읽고 시를 즐겨 썼는데, 키츠가 쓴 시를 읽은 그는 키츠가 셰익스피어나 밀턴에 필적할 만한 위대한 시인이 될 것이라고 확신했다. 우드하우스가, 이후 키츠가 쓴 시의 원고와 서신을 소중히 보관했던 것도 바로 그 이유에서였다.

키츠는 성별에 관계없이 더욱 많은 사람들과 교류했는데, 1815

년에는 키츠를 중심으로 한 모임이 만들어졌다. 그런 상황에서도 키츠는 의학 수련 또한 게을리하지 않았다. 월·수·금요일 10시에는 가이 병원에서 강의를 듣고, 화·목·토요일 10시에는 화학 강의를 들었다. 또 수·목요일에는 입원하거나 퇴원하는 환자를 도왔다. 오후 2시에는 성 토마스 병원으로 이동해 해부학 강의를 듣고, 4시부터는 해부 실습을 했다. 실습이 끝나면 손을 씻고 저녁에 있는 외과 강의를 들으러 갔다.

그런 바쁜 와중에도 키츠는 여전히 시를 썼다. 바쁜 일상이었지만 가끔씩 동생 조지와 톰이 찾아와 함께 시간을 보내기도 했다.

이런 시간을 보내면서 키츠는 시인이야말로 최고의 인간이라는 신념을 더욱 굳혀나갔다.

1816년 4월 28일, 즐겨 읽던 〈이그재미너〉를 펼친 키츠는 작은 기사에서 눈을 떼지 못했다. 그 기사에는 "다음 호에는 J·K를 비롯한 다른 작품이 연재된다"라고 예고되어 있었다. 예고대로 〈이그재미너〉의 다음 호에는 자신의 시 "고독(To Solitude)"이 J·K라는 이니셜로 실려 있었다. 그의 나이 스무 살 때의 일이다.

같은 해 7월, 키츠는 의사면허시험 1단계에 합격하고 정식 레지던트 자격을 얻었다. 바쁜 나날을 보내며 키츠는 수많은 의학용어를 사용해야만 했는데, 그러한 경험이 어휘력을 더욱 풍부하게 해 주었다.

10월 19일, 오랜 친구인 클라크의 소개로 학창시절부터 존경해

온 시인 리 헌트의 생일에 그의 집으로 초대받았다. 당시 헌트는 키츠보다 열한 살 많은 서른두 살이었다. 헌트는 이 자리에서 이니셜 J·K로 발표된 시의 저자인 키츠를 만나 그의 재능을 인정했다. 키츠는 이 자리에서 헌트에게 소개받은 화가 벤자민 로버트 헤이든(Benjamin Robert Haydon)과 이후 친구가 되었다.

키츠는 이날을 계기로 점차 시를 쓰는 데 열중하게 되었다. 그 결과 〈이그재미너〉에 키츠의 작품이 연이어 실리게 되었다. 게다가 작품에 헌트가 쓴 추천의 글이 덧붙여지기까지 했다.

키츠는 헌트의 친구이자 〈이그재미너〉의 유력한 기고자였던 퍼시 비시 셸리(Percy Bysshe Shelley)와도 알게 되었다. 셸리는 유복한 가정에서 태어나 이튼스쿨을 거쳐 옥스퍼드대학에 진학했으나 과격한 논평을 썼다는 이유로 퇴학당한 인물이었다. 셸리는 키츠에게 시집을 출간할 것을 권했다.

1817년 3월 초, 〈모닝 클로니클(Morning Chronicle)〉지에 셸리의 글과 키츠의 첫 시집 『시집(Poems)』의 출간 예고가 실리고, 그 다음 주에 간행된 시집은 세간의 찬사를 받았다. 시집 첫머리에는 당연히 헌트에게 감사의 뜻을 전하는 글이 실려 있었다. 시집이 출간된 달에 벌써 다음 시집의 출간을 제안한 출판사까지 있었다.

4월이 되자 키츠는 다음 작품을 쓰기 위해 휴가를 냈다. 포츠머스의 남쪽에 위치한 와이트 섬으로 내려가 오두막을 빌리고 벽에 셰익스피어의 초상화와 헤이든이 그린 그림을 걸었다. 가방에는 셰익스피어와 스펜서의 작품이 가득 담겨 있었다. 이곳에서 키츠는 두 번째 장편 산문시 『엔디미온(*Endymion*)』을 구상하기 시작했다. 『엔디미온』은 총 4부로 구성되어 있으며, 각 부가 1,000행으로 구성된 장대한 시다. 키츠는 이곳에서 열흘 동안 머물렀다.

경제적 궁핍 속에서
'수동적 능력'을 제시하다

키츠는 런던으로 돌아온 후에도 시를 완성하는 데 전념했다. 이 무렵 키츠는 경제적으로 어려움을 겪었다. 호평을 받은 첫 시집도 그리 큰 수입으로 이어지지 않았다.

경제적인 어려움 속에서도 여전히 시를 쓰기 위해 고뇌하던 키츠가 이끌어낸 개념이 '수동적 능력(passive capacity)'이다. 키츠는 이를 공감적 혹은 '객관적' 상상력으로 말하기도 했다. 이러한 상상력은 마치 '에테르 같은 화학물질'처럼 연금술적인 변용과 순화를 이끌어내어 개별성을 없애준다. 키츠는 이 '굴복의 능력(capability of submission)'으로 개별성을 없애야만 시인이 대상의 진실을 파악할 수 있다고 생각했다.

1817년 11월 말까지 키츠는 『엔디미온』의 마지막 500행을 완성했다. 그가 스물두 살이 막 되었을 무렵이었다.

『엔디미온』을 읽다 보면 키츠가 존경했던 셰익스피어가 지닌 '무감각의 감각(the feel of not feel)'을 깨닫게 된다. 이는 작가가 대상에 동화되어 마치 작품에 개입하지 않고 있는 듯한 경지를 뜻한다. 키츠는 셰익스피어의 정서적·영적 위대함을 『엔디미온』에 담아냈다.

키츠가 생각한 진정한 재능이란 불쾌한 것도 전부 안개처럼 사라지게 할 수 있는 강한 상상력이었다. 셰익스피어의 작품 속에 등장하는 인물들이 바로 그런 예로, 등장인물들의 행동이 독자들의 마음에 현실성을 부여한다.

이 같은 '무감각의 감각'이나 '수동적 능력' 같은 개념이 결국 1817년 12월에 키츠가 동생 조지와 톰 앞으로 보낸 편지에 등장하는 '소극적 수용력'이라는 개념을 이끌어냈다.

이 편지를 보내기 한 달 전까지 키츠는 '진정한 재능에는 개성도, 정해진 성격도 없다'라고 말했지만, 이후 진정한 재능이란 개성이 없는 상태로 존재하며, 어떤 결론에 성급히 도달하려 하지 않고, 불확실하고 회의적인 상태로 존재한다는 결론에 이르게 되었다. 이러한 능력이야말로 셰익스피어가 그랬듯이 다른 사람이 어떻게 생각할지를 상상하는 힘과 직결된다고 결론 내린 것이다.

이듬해인 1818년, 자주 각혈하던 동생 톰이 다시 피를 토했다. 그런 남동생을 보며 키츠는 결핵이라는 절망적인 진단을 내린다.

셰익스피어의 작품을
다시 읽으며 시를 쓰다

키츠는 침통한 마음을 추스르며『엔디미온』을 퇴고하는 한편 다음 작품인『히페리온』을 쓰기 시작했다. 동시에 셰익스피어의 작품『리어왕』을 다시 읽었다. 이 시기에 키츠는 행복과 비탄, 고양과 낙담, 욕망과 실망의 미묘한 경계를 깨닫는다. 물론 여기에는 이처럼 대립되는 두 가지 감정의 변용 또한 포함된다. 셰익스피어를 본받은 키츠는 환한 기쁨도 깊은 낙담도 마치 오케스트라를 연주하듯 자유자재로 다루는 능력을 얻게 되었다. 그때 키츠가 느꼈을 감동이 다음 시에 잘 나타나 있다.

기쁨도 슬픔도 환영한다.

망각의 강의 수초도 헤르메스의 날개도 마찬가지다.

오늘도 오라, 내일도 오라.

그 둘을 전부 나는 사랑한다.

슬픈 얼굴을 화창한 하늘로 향하여

천둥이 치는 가운데 즐거운 웃음소리를 듣는 것도

나는 좋아한다.

맑은 하늘도 궂은 날씨도 모두 좋다.

감미로운 목초지 아래에 불꽃이 타오르고 있다.

신기한 것을 보고 쿡쿡대며 웃고,

팬터마임의 사려 깊은 얼굴

장례식과 첨탑의 종

어린아이가 두개골로 놀고 있다.

맑게 갠 아침의, 폭풍에 난파된 선체

인동덩굴에 휘감긴 독초

붉은 장미 사이에서 뱀이 혀를 날름댄다.

우아한 옷을 걸친 클레오파트라가

가슴에 육즙으로 만든 젤리를 담고 있다.

춤추는 음악, 슬픈 음악

모두 제정신으로 미쳐 있다.

빛나는 시의 여신과 창백한 여신

어두운 농경의 신과 건전한 해학의 신

웃고 한숨을 쉬고 다시 웃어라.

아, 이 얼마나 감미로운 고통이란 말인가.

시의 여신이 빛나다 다시 창백해진다.

그 베일을 벗어 얼굴을 보여주길.

내게 보여주어 시를 쓰게 해주길.

그 낮과 밤을,

그 전부로 나를 채워주길.

감미로운 마음의 고통에 대한 나의 큰 갈증

내 동쪽 방을 그대가 갖고

새로운 은매화와 소나무, 꽃이 만발한 라임나무로 둘러싸주길.

그리고 낮은 잔디가 깔린 무덤이 내 소파다.

키츠의 『엔디미온』이 출간되자 '아름다울 정도로 간결하다', '따뜻한 감정이 느껴진다', '표현이 우아하다', '상상력이 생생하고 심리 묘사가 탁월하다' 등 수많은 찬사가 쏟아졌다.

비슷한 시기에 동생 조지는 결혼하여 새로운 땅 미국으로 건너가 농부가 되기로 결심했다.

다른 동생 톰이 다시 병상에 누운 것도 이 무렵이었다. 야위어 가는 동생의 얼굴을 본 키츠는 어릴 적 침대에 누운 채로 죽음을 기다리던 어머니의 쇠약한 모습을 떠올렸다. 톰 또한 어머니처럼 폐결핵에 걸린 것이 틀림없었다.

키츠는 톰을 간호하는 한편 다음 작품 『히페리온』을 쓰기 시작했다. 결국 톰은 1818년 12월에 숨을 거두었다.

첫사랑
그리고 시에 몰두하다

아끼던 동생 톰이 죽은 지 얼마 되지 않았을 무렵이

었다. 햄스테드(Hampstead)에 사는 브론 부인이 키츠를 저녁식사에 초대했다. 키츠는 친구 찰스 브라운(Charles Brown)과 딜크(Dilke)를 통해 브론 부인 일가와 알고 지내던 사이였다.

찰스네와 딜크네는 한 집을 둘로 나누어 살고 있었기 때문이다. 1819년 봄에 찰스 일가가 딜크 집을 나누어 사들였고, 그곳에 브론 모자와 키츠가 살게 되었다.

키츠는 브론 부인의 딸 페니 브론에게 순식간에 마음을 빼앗겼다. 페니 브론은 열여덟 살로 피아노와 춤에 뛰어났고 기지가 넘치며 조금 변덕스러운 면도 있는 여성이었다. 그 시기부터 키츠의 시는 더욱 풍부해졌다. 예전보다 다양한 기교를 부리기도 했다.

"성녀 아녜스의 전야", "잔인한 미녀", "프시케에게 바치는 노래", "그리스 항아리에 부치는 노래", "나이팅게일에게 부치는 노래", "우울에 대한 송가", "나태에 대하여" 등을 연이어 써냈다.

그러나 재산도 없고, 제대로 된 직장도 없고, 심지어 병까지 앓고 있는 키츠 자신의 상황이 페니와의 약혼을 가로막았다. 그의 이루어질 수 없는 사랑이 키츠의 시 "빛나는 별"에 잘 표현되어 있다. 그 시에는 불가능성과 영원성이 동시에 나타나 있다.

> 빛나는 별이여! 만약 내가 그대처럼 부동의 존재라면
> 밤의 고요 속에 홀로 빛을 발하고 있지 않으리
> 영원히 두 눈을 뜨고서 의연하고 잠들 줄 모르는 자연의 보호자처

럼 응시하리

　아침이면 정결하게 맑히는 사제처럼

　세상 사람들의 가슴에 물을 주리

　아니면 또 눈 쌓인 벌판에 사뿐히 눈 덮여 가면이 된 풍경을 응시하
고 있으리

　아니, 여전히 확고하며 절대 변치 않는

　내 어여쁜 연인의 무르익은 가슴을 베개 삼아

　부드럽게 오르내리는 그녀의 호흡을 느끼며

　감미로운 불안 속에 영원히 잠 깨어

　고요히 고요히 그녀의 고운 숨결을 들으며 영원히 살아가리

　그게 아니라면 넋을 잃고 숨을 거두리

　키츠는 병마 그리고 생활고와 싸우면서도 계속해서 시를 썼다.

　미국으로 건너간 동생 조지가 그 무렵 농장 운영이 어려워져 자
금 마련을 위해 다시 런던으로 돌아왔다. 조지는 죽은 톰이 물려
받았어야 할 큰어머니의 유산까지 손에 넣어 다시 미국으로 돌아
갔다.

　키츠의 연인 페니 브론은 그런 조지를 좋게 보지 않았다. 키츠
와 페니는 이미 약혼을 약속했지만 키츠가 한 가정을 꾸릴 만한
여력이 없어 청혼하지 못하고 있었기 때문이었다. 그런 이유에서
키츠는 시집을 출간해준 출판사에 여러 번 선금을 요구했다.

페니 옆집에 살면서도 키츠는 페니를 만나러 가는 시간을 짧게 제한했다. 자신이 토해내는 숨 때문에 브론 일가에게 결핵이 옮을까 걱정되어서였다. 자연히 두 사람은 짧은 편지를 주고받을 수밖에 없었다.

결국 키츠는 페니에게 파혼을 통보했다. 그녀를 계속 자신의 곁에 두는 것은 죄라고 생각했기 때문이다. 그럼에도 키츠는 매일 그녀가 정원을 산책하는 모습을 지켜보고 그녀의 발걸음 소리를 들었다.

'나는 그대를 원해. 그대가 나만 생각해주면 좋겠어. 내가 이 세상에 존재하지 않는 것처럼 굴지 말아 줘. 나를 잊지 말아 줘. 나를 잊으라고 그대에게 말할 자격이 과연 내게 있을까?'

키츠는 마음속으로 울부짖었다.

페니는 창밖에서 나는 키츠의 기침 소리를 들으며, 그녀의 아버지를 앗아간 그 질병이 이번에는 연인을 앗아가려 한다는 사실을 실감했다.

그런 키츠의 괴로움을 조금이라도 줄여준 것은 그의 세 번째 시집 『라미아(Lamia)』의 출간 소식이었다.

여러 매체가 그의 시집에 찬사를 보냈고, 키츠를 사무엘 콜리지, 초서, 단테, 스펜서와 이름을 나란히 할 위대한 시인으로 평가했다.

요양을 위해
로마로 가다

이 무렵 이탈리아에 살던 의사 제임스 클라크(James Clark)가 결혼하기 위해 런던으로 돌아왔다. 그는 기후가 질병에 끼치는 영향을 강조한 의학서를 저술한 바 있었다. 주치의를 통해 클라크를 소개받은 키츠는 그로부터 '쇠약해진 환자는 겨울을 로마에서 보내는 것이 좋다. 특히 스페인 광장 근처에서'라는 조언을 들었다.

당시 로마에 살던 키츠의 오랜 친구 셸리도 그에게 로마에 머물 것을 권했다.

이별을 앞두고 키츠와 페니는 반지를 교환했다. 페니는 자신과 키츠의 여동생이 간직할 수 있도록 키츠의 머리카락을 잘랐다. 그의 머리카락은 매우 짧았다. 사실 키츠는 의학을 공부하던 시절 방탕한 생활을 보낸 탓에 성병에 걸려 수은을 복용했기 때문이다.

페니는 키츠에게 작은 주머니칼, 휴대용 일기장, 여행 모자 그리고 바느질을 한 후 손의 피로를 풀도록 달걀 모양의 붉은 마노를 선물했다. 마노를 쥐고 있는 동안 키츠가 자신의 따뜻한 손을 떠올려주길 바라서였다.

키츠는 친구 세번(Severn)과 함께 정기 항로선 마리아 크라우더(Maria Crowther)에 탑승했다. 배가 지브롤터 해협을 지나 지중해에 들어섰을 때쯤 키츠가 피를 토했다. 그들은 런던에서 출발한 지 35일 만에 나폴리항에 도착했다. 1820년 10월 31일 화요일, 이제 막 스물다섯 살이 된 키츠가 항구에 내렸다.

키츠와 세번은 일주일 후 마차를 타고 나폴리에서 출발했고, 일주일이 더 지난 11월 14일 로마에 도착했다. 곳곳이 폐허로 변한 시내를 보며 키츠는 생사의 경계에 어울리는 땅에 왔다는 것을 실감했다.

의사 클라크가 집에서 그들을 기다리고 있었다. 〈에든버러 리뷰(Edinburgh Review)〉를 구독했던 그는 키츠의 시집 『엔디미온』과 『라미아』를 이미 읽었다. 그가 키츠를 위해 구해둔 아파트는 스페인 광장 26번지의 건물 3층이었다.

연말이 지나고 1821년이 되자 키츠의 병세는 더욱 악화되었다. 키츠를 돌보던 세번이 런던에 있는 친구들에게 보낸 편지를 통해 시시각각 변해간 그의 상태를 알 수 있다.

죽어가는 키츠의 초상화를 그리기 위해 화가를 부르고 키츠가 죽은 후 묘지를 구하는 일 역시 세번의 몫이었다.

2월 23일 금요일 오후 4시 반, 키츠가 마침내 숨을 거두었다. 그의 데스마스크가 만들어졌고, 일요일에는 클라크와 동료 외과 의사들이 그의 시신을 해부했다. 마지막 두 달 동안 어떻게 살아 있었는지 모를 정도로 그의 폐는 거의 완전히 파괴된 상태였다. 심장과 위의 상태를 적은 기록은 남아 있지 않다.

이장과 유품 정리를 마치고 간신히 마음을 추스른 세번은 2월 27일, 페니에게 편지를 보냈다. 3월 말에 〈모닝 클로니클〉, 〈이그재미너〉, 〈리버풀 머큐리〉가 키츠의 죽음을 연이어 보도했다.

키츠가 죽을 때까지 자신을 돌봐 준 세번에게 부탁한 묘비명은 다음과 같다.

여기, 물 위에 이름을 쓴 사람이 잠들다.

이름을 물에 쓰면 곧바로 사라진다. 키츠는 자신의 이름이 후세까지 기억되리라고는 생각해보지 못한 모양이다.

하지만 그의 작품 그리고 그가 발견한 소극적 수용력이라는 개념은 역사에 새롭게, 영원히 기록되었다.

2장
—

정신과 의사
윌프레드 비온이
재발견하다

정신분석에서
소극적 수용력이 지닌 중요성

키츠가 자신의 짧은 생애와 맞바꾼 소극적 수용력 이라는 개념은 오랜 세월 어둠에 묻혀 있었다. 그도 그럴 것이 키 츠가 그 표현을 남긴 것은 단 한 번, 그것도 동생들에게 쓴 편지에 서였기 때문이다. 20세기에 들어 키츠의 시가 재평가되기 시작했 을 때도 그가 남긴 편지의 한 소절까지 유심히 살핀 이는 없었다.

그렇기에 키츠가 소극적 수용력이라는 용어를 남긴 지 170년 이 지난 뒤, 같은 영국 태생의 정신과 의사 월프레드 비온(Wilfred Bion)이 이를 새로 언급한 것은 내게 거의 기적처럼 느껴진다. 비 온이 없었다면 키츠가 죽은 지 약 200년이 지난 지금도 소극적 수 용력이라는 개념은 그대로 어둠에 묻혀 있었을지 모른다.

비온은 문학가가 아니었다. 그는 정신분석 의사였다. 게다가 그가 소극적 수용력을 언급했을 당시, 그는 이미 영국정신분석학회(British Psychoanalytical Society)의 중진이었다. 따라서 그가 소극적 수용력을 재평가한 것을 누구도 쉽게 무시하지 못했다. 이것이 키츠가 남긴 소극적 수용력에 일어난 두 번째 기적이다.

하지만 비온이 소극적 수용력의 중요성을 강조한 것은 시와 산문 같은 문학 분야나 예술 분야가 아니었다. 그는 자신의 전문 분야인 정신분석 분야에 소극적 수용력이 반드시 필요하다고 주의를 촉구한 것이었다.

비온은 소극적 수용력을 유지하면서 치료자와 환자의 만남을 이어나가면 사람과 사람 사이에 소박하고 솔직한 교류가 일어난다고 이야기했다. 그는 정신분석 분야만이 아니라 상담으로 환자의 고민을 줄여나가는 정신치료에도 반드시 소극적 수용력이 필요하다고 주장했다.

그 결과 소극적 수용력이 지닌 유익함이 문학·예술의 영역을 뛰어넘어 정신의학 분야로까지 확대되었다. 사람이 사람을 치료하는 과정에서 소극적 수용력은 결코 무시할 수 없는 중요한 개념으로 인식되기 시작한 것이다. 나는 이것이 소극적 수용력에 일어난 세 번째 기적이라고 생각한다.

근대 정신의학은 프랑스의 필립 피넬(Philippe Pinel, 1745~1826)로부터 시작되었다고 알려져 있다. 필립 피넬이 정신질환자를 쇠

사슬에서 해방시킨 시기가 18세기 말이다. 즉 키츠가 살아 있던 시절은 정신의학의 요람기였다고 할 수 있다.

한편, 정신분석학의 창시자인 지그문트 프로이트(Sigmund Freud, 1856~1939)가 저서를 집필하기 시작한 시기는 19세기 말, 즉 정신의학의 여명기에서 한 세기가 지난 시점이었다.

그러나 비온 외에는 그 어떤 정신분석 의사도 키츠가 남긴 개념에 주목하지 않았다. 소극적 수용력이 재발견되기 위해서는 비온이라는 독특한 정신분석 의사가 등장하기만을 기다려야 했다. 이러한 점에 나는 하늘이 정해준 놀라운 인연을 느낀다.

비온의
생애

비온은 1897년 펀자브 지방에서 태어났다. 비온의 아버지는 영국 식민지였던 인도에서 토목기사로 근무했다. 비온은 퍼블릭 스쿨을 다닌 유년 시절부터 제1차 세계대전의 종군 활동까지 스스로 경험한 것들을 모두 기록으로 남겼다.

인도에서 생활한 경험은 비온에게 강력한 기억으로 남았다. 땅이 타버릴 만큼 뜨거운 태양이 지고 나면 대지는 순식간에 칠흑 같은 어둠에 휩싸였다. 황혼이 드리우는 일 같은 것은 없었다.

캄캄한 어둠 속에서는 온갖 소리가 들려왔다. 개구리 울음 소리며 새가 지저귀는 소리, 종소리, 사람들의 비명과 고함 소리, 혼잡한 거리에서 사람들이 아우성치는 소리, 기침 소리, 물건을 파는 장사꾼의 목소리 등이 평생 비온의 귓가에 남았다. 그에게 인도는 그립고 사랑스러운 땅이었다.

눈을 감으면 모든 것을 다 불태워버릴 듯한 따가운 햇살, 한낮에 쥐 죽은 듯이 고요한 거리, 바람이라고는 전혀 불지 않는 곳에 잎을 축 늘어뜨리고 있는 고목의 모습이 떠올랐다. 이처럼 인도에서 보낸 시간들 덕분에 그가 영국에서 나고 자란 다른 영국인과는 조금 다른 독특함을 갖게 되었을 것이다.

여덟 살이 되었을 무렵, 그는 퍼블릭 스쿨에 들어가기 위해 영국으로 갔다. 인도에서 출발한 긴 여정 동안 그는 어머니와 단둘이서 지냈다. 철도를 타고 델리에서 뉴델리를 경유해 배가 출발하는 봄베이(지금의 뭄바이)로 가는 경로였다.

오랜 여행 끝에 영국에 상륙한 그는 초등학교 기숙사에 들어갔다. 그는 여덟 살 때부터 열세 살까지 5년 동안 그 초등학교에서 지내야만 했다. 함께 온 어머니와 작별 인사를 하고 기숙사에 남겨졌다. 담장 울타리 너머로 서서히 멀어지던 어머니의 모자가 어느 순간 사라졌다.

비온에게 학교생활은 무척 단조롭고 지루하기만 했다. 일요일마다 근처에 있는 성당에 나가 미사를 드리는 것도 그에게는 무척

고역이었다. 유일한 즐거움은 겨울철 난롯가에 앉아 책을 읽는 일이었다.

초등학교를 졸업하고 퍼블릭 스쿨에 진학했다. 퍼블릭 스쿨은 엘리트를 양성하는 명문 사립학교에 가깝다. 이곳의 교육 역시 엄격한 규율과 획일적인 교육 그리고 깊은 신앙심을 강조했다.

비온이 돌파구로 삼은 것은 스포츠였다. 원래 퍼블릭 스쿨은 혈기왕성한 소년들의 관심을 돌리기 위해 스포츠를 장려했다. 퍼블릭 스쿨은 대부분 벽촌에 위치해 있어 잔디가 깔린 럭비장이 여러 개 있었다. 영국인들 사이에서는 학창시절에 럭비를 했다고 하면 그만큼 엘리트로 보는 경향이 있을 정도였다. 반대로 축구는 서민 스포츠였다.

비온도 마찬가지로 럭비와 수영에 열중했는데, 눈에 띄게 두각을 나타냈다. 또한 크리켓을 제외한 다른 스포츠도 잘했다. 그에 비해 학업은 그리 뛰어나지 않았다. 열일곱 살 무렵, 그는 옥스퍼드대학이나 케임브리지대학의 국제적인 스포츠 선수가 될 것을 남몰래 꿈꿨다. 퍼블릭 스쿨 졸업생은 이 두 대학 중 어느 한 곳에 들어가는 것이 당연시되었기 때문이다.

하지만 문제는 돈이었다. 그래서 비온은 옥스퍼드대학에 찾아가 장학금을 신청했다. 하지만 비온의 예상과 달리 아버지의 수입이 그리 낮은 편이 아니어서 빈곤층 자녀를 대상으로 한 장학금 수급 자격을 얻을 수 없었다.

1차 세계대전에
참전하다

졸업연도가 되었을 무렵, 비온은 럭비부와 수영부 주장을 맡았다. 이 시기에 유럽에서는 전쟁의 기미가 엿보이고 있었다. 젊은이들은 펜을 내려놓고 조국을 지키기 위해 총을 들어야 한다는 분위기가 곳곳에 퍼져나갔다.

비온도 학업을 계속하기보다 전쟁에 참여하기로 마음을 굳혔다. 훗날 비온은 이 혼란스러운 시기에 퍼블릭 스쿨 시절에 받은 교육을 되돌아보며, 교양과 인격 양성에 이상적인 교육이었다고 고마워했다. 특히 어머니가 강조한 정통 영국식 발음을 익히는 데 중요한 역할을 했다고 회상했다.

비온은 졸업 후 곧장 런던으로 가서 부모님과 오랜만에 만났다. 재회의 기쁨도 잠시, 비온은 이튿날 곧바로 지원병 접수소로 향했다. 그러나 비온은 입대를 거부당했다. 군대는 장교보다는 일반 병사를 더 원했기 때문이다. 상처를 받은 그는 아버지 지인의 도움을 받아 결국 이듬해인 1916년 1월에 입대했다.

입대를 앞두고 비온은 그동안 사용해온 책을 모교에 남아 있는 친구들에게 모두 나눠주었다. 혹시 전사할지도 모른다고 생각했기 때문이었다.

비온은 울(Wool)에 위치한 제5전차대대에 배치되었다. 완성된

지 얼마 되지 않은 세계 최초의 전차 마크 I 은 중량이 28톤이나 나가는 마름모꼴의 거대한 철 덩어리였다. 105마력에, 평지에서 시속 5~6킬로미터로 달릴 수 있고, 행동반경은 15킬로미터에 달했다. 적에게 비밀병기의 개발을 알리고 싶지 않았던 영국 수상 처칠은 훗날 이 신병기를 탱크라고 불렀다.

비온의 부대는 프랑스 르아브르(Le havre)에 상륙했는데 병사들은 혹독한 추위 그리고 습기와 싸워야 했다. 독일군의 폭격을 피하기 위해 수렁에 몸을 눕혀야만 했다.

비온의 부대는 폐허로 변해버린 여러 마을을 지나, 벨기에의 이퍼르(Ieper)로 향했다. 독가스인 머스터드 가스를 프랑스어로 이페리트(yperite)라고 부르는 이유는 바로 이 가스가 이퍼르에서 처음 사용되었기 때문이다. 이퍼르는 프랑스와 벨기에의 국경 지대에 위치해 있어 전쟁이 발발한 이후 독일군과 끊임없이 사투를 벌인 곳이었다.

이퍼르 전투 이후 전차대대가 열차를 타고 도착한 곳은 프랑스의 캉브레(Cambrai)였다. 이곳에서 벌어진 전투에 영국군은 전차부대 대부분과 전투기 300대, 보병대대 8개를 투입했다. 이곳의 전투는 순조로웠다. 먼저 포병대가 포탄을 적진에 쏘면 그 다음 전차부대가 적을 덮치고, 그 후에 보병이 남아 있는 적을 소탕했다.

유일한 저항은 플레스퀴에르(Flesquieres)에서 일어났다. 마을을 향해 전속력으로 돌진한 비온의 전차 후방에서 폭발이 일어나 전차가 멈춰버렸다. 적의 포탄이 전차의 후면을 관통한 것이다. 연료탱크가 폭발하기 전에 간신히 전차에서 탈출한 비온에게 부사관이 달려와 보고했다. 보병대대의 사관이 전부 전사했으니 지휘를 맡아달라는 요청이었다.

비온은 보병에 대해 아는 것이 전혀 없었지만 어쩔 수 없이 이를 수락하고 그 부사관을 곁에 둔 채 병사들을 지휘했다. 진지가 다소 후퇴하기는 했지만 비온과 병사들은 잘 버텨냈고, 이튿날 캉브레 전투가 끝났다. 이 공적으로 비온은 전공십자훈장을 받았다. 그러나 그 일은 오히려 동료 사관에게 질투도 받게 했다.

1917년 겨울, 비온은 보병 소대장으로 임명되었지만 모든 상황이 달라져 있었다. 예전에 함께했던 부하들 중에 살아남은 자들이 거의 없어 제5전차대대 자체가 신병들로 가득했기 때문이다. 동료 사관 중에는 전쟁 신경증으로 제대하는 이들도 있었다.

1918년 초, 제5전차대대는 얼어붙은 땅에 참호를 파라는 임무를 받고 우울한 나날을 보내고 있었다. 그러던 중 비온에게 어느 날 연락 한 통이 왔다. 속히 런던으로 돌아가 영국군 십자훈장 수상식에 출석하라는 명령이었다.

비온 자신은 예상하지 못한 일이었다. 십자훈장 수상식은 버킹엄 궁전에서 열리는 큰 행사로, 그 자리에서 훈장을 받는 장병은 불과 60명 정도에 불과했다. 비온은 그중에서도 눈에 띌 만큼 가장 어린 나이였다.

스무 살의 소위였던 비온은 궁전 밖에서 기다리던 어머니를 향해 군모를 벗어 흔들었다. 그러나 재회의 기쁨도 잠시, 비온은 다시 워털루역으로 향했다. 독일군의 반격 소식이 전해지는 상황이어서 역 안은 전쟁에 동원된 병사들로 가득 차 있었다.

비온은 보병 소대장을 맡고 있었지만 자신은 입대 후 전차부대원으로 훈련을 받았기에 늘 위화감을 느꼈다. 게다가 그가 받은 훈장 두 개도 무거운 짐이 되었다. 전황이 일진일퇴를 거듭하는 상황에서 비온은 스물한 살의 나이에 중위로 승진했다. 중위 중에서는 최고참이었다.

1918년 8월, 프랑스 아미앵(Amiens) 부근에서 대규모 전투가 벌어졌다. 아군의 전차가 진격하는 동안, 비온의 부대는 포탄 구덩이에 몸을 숨겼다. 독일군의 포탄이 빗발치듯 쏟아지고 전장에는 연기가 가득한 가운데 병사들이 하나둘씩 쓰러져갔다. 비온은 이 전투에서 만약에 자신이 죽는다면 어떨지, 또 전사 통지를 받은 부모님은 얼마나 비탄에 잠길지 상상했다. 마지막에는 비온 또한 자신이 어디에 있는지 알 수 없을 정도였다.

문득 정신을 차리고 나니 포탄 소리가 더 이상 들리지 않았고 자욱했던 연기 또한 사라져 있었다. 햇살이 비치는 모습이 보였다. 비온이 르아브르에 상륙한 이후 영국군이 거둔 최초의 승리였다. 영국군이 잃은 병력은 전체의 3분의 1 이하였고, 비온은 군대가 열을 맞춰 진군하는 모습을 처음으로 보았다.

그 후 단기 휴가를 받아 런던으로 돌아왔다. 비온은 오랜 친구와 만나서도 뭔가 달라졌다는 것을 느낄 만큼 자신이 변해버렸다는 사실을 실감했다. 어머니와도 재회했지만 편하게 있을 수 없어 열차 승강장에서 작별을 고했다. 그리고 그것은 예감했던 대로 어머니와의 마지막 작별이 되었다. 비온의 어머니는 이 피비린내 나는 전쟁이 끝나기 몇 달 전에 숨을 거두었다.

원대로 복귀한 비온의 부대는 블랑지(Blangy)에 진을 쳤다. 당시 전황은 연합군에 유리했기에 비온도 어느 정도 여유로웠다. 계급도 대위로 올라갔고, 심지어 프랑스군으로부터 레지옹 도뇌르 훈장까지 받았기 때문에 비온은 영국군 십자훈장 위에 붉은색 리본까지 달고 있었다.

1918년 11월 11일 11시에 전쟁이 종결된다고 전해졌을 때도 비온과 부하들은 반신반의했다. 정해진 시각을 5분 남기고 모든 독일 병사들이 스스로 무기를 버리자 비온과 다른 병사들은 놀라운 눈으로 그 모습을 지켜봤다.

4년에 걸친 전쟁 동안 적군 아군 할 것 없이 6,500만 명의 사람들이 전쟁에 참가했고, 영국은 600만 명의 장병을 동원했다. 영국군이 잃은 병사만도 90만 명에 달했다.

크리스마스가 지난 뒤 병사들이 집으로 돌아가기 시작했다. 런던으로 돌아온 비온은 이 전쟁을 통해 자신의 능력이나 학업, 훈련을 뛰어넘는 '책임'을 배웠다는 것을 통감했다.

정신분석 의사가 되기로
결심하다

   런던으로 돌아온 이튿날, 비온은 옥스퍼드대학으로 향했다. 퍼블릭 스쿨에서 쌓은 럭비와 수영 실력 그리고 전쟁에서 받은 훈장 두 개는 그를 합격시키기에 충분했다. 비온은 대학에서 역사학을 전공했다. 그리고 1919년, 퀸스 칼리지(Queen's College)에 들어가 근대사를 공부했다. 칸트 철학을 공부한 지도교수의 영향을 받아 철학에도 관심을 보였다. 역사와 철학이라는 두 분야가 그 후 비온이 지닌 지성의 기초가 되었다.

  그는 학문뿐만 아니라 스포츠에도 열중했다. 수영부 주장을 맡아 대학 대항전에서 팀을 준우승까지 이끌었고, 럭비 선수로도 활약해 1919년에 열린 대학 대항전에서 결승에 진출하기도 했다. 그 경기에서 비온은 무릎 반월판 부상으로 도중에 퇴장했는데 그는 이를 평생 아쉬워했다.

  1921년에 비온은 문학사 학위를 취득했다. 그 후 그는 프랑스어와 프랑스 문학을 더욱 깊이 공부하기 위해 프랑스의 푸아티에(Poitiers)대학에 1년 동안 유학을 다녀왔다. 그전까지 비온은 프랑스어를 읽기만 할 수 있을 뿐 말은 잘하지 못했고 프랑스 문학에 대한 지식도 얕은 편이었다. 하지만 비온이 프랑스에서 보낸 1년 동안의 기록은 안타깝게도 거의 남아 있지 않다.

1922년, 영국으로 돌아온 비온은 자신의 모교에 있는 비숍스 스토트포드(Bishop's Stortford) 고교에서 역사와 문학을 가르치기 시작했다. 학생들은 그의 풍부한 지식과 뛰어난 교수법에 점차 매료되었다. 하지만 인기와는 반대로 비온은 교사라는 직업에 점차 매력을 느끼지 못하게 되었다.

교단을 떠난 비온은 스물일곱에 유니버시티 칼리지 런던(University College London)에 입학했다. 정신분석 의사가 되기로 결심한 것이다. 옥스퍼드대학에서 받은 성적이 그리 좋지 않아 의대 입학을 허가해줄지 걱정이었지만, 여기서도 군대에서 쌓은 공로를 인정받아 무사히 합격했다.

의대에 들어간 비온은 물 만난 고기처럼 활발하게 생활했다. 교수진도 저명하고 우수한 선배들도 많았다. 그중에서도 영국 국왕 조지 5세의 주치의였던 외과 교수 윌프레드 트로터(Wilfred Trotter)의 기량과 인품에 크게 매료되었다. 환자에게 증상을 듣는 모습에서 성실함과 인간미가 넘쳐흘렀기 때문이다. 윌프레드 트로터는 제1차 세계대전 중에 『평화 시기와 전쟁 시기의 무리 본능(Instincts of the Herd in Peace and War)』이라는 유명한 저서를 썼는데 비온도 이 책을 읽은 후 집단의 생존 방식에 흥미를 나타냈다.

비온은 서른 살이 가까워질 무렵, 한 미모의 여성과 알게 되어 그녀와 결혼하기를 꿈꿨다. 하지만 그는 아직 해야 할 공부가 많이 남아 있었고 모아둔 돈도 없었다. 결국 그는 이별을 선택했다.

비온은 학업에 열중하는 한편, 어느 정신치료사에게 치료를 받았다. 군 시절에 모아 둔 저금으로 치료비를 댔지만, 그 또한 얼마 지나지 않아 바닥을 드러냈다. 그러자 이 정신치료사가 비온에게 한 환자를 소개해주었다. 그 환자는 장군의 아들이었는데, 비온은 나중에 개인 클리닉을 열 때까지 7~8년 동안 이 환자를 치료했다. 그 덕분에 빈곤한 생활에서 어느 정도 벗어날 수 있었다.

1930년, 비온은 내과 의사와 외과 의사 자격증을 땄다. 군대에서 받은 훈장과 대학에서 받은 학사까지 더해져 그는 왕립 외과학회 의사와 왕립 내과학회 의사의 칭호까지 얻었다.

그럼에도 비온은 의대에 남아 연구를 계속하지 않고 정신과 의사로 개업하는 길을 선택했다. 하지만 개업의는 재정적인 측면에서 비온의 뜻과 일치하지 않는 부분이 있었다. 유명 인사 중에 환자를 소개해주는 대신 치료비, 즉 수입의 일부를 중개 수수료로 요구하는 사람도 있었다. 비온은 이처럼 개업의가 감내해야 하는 어두운 면이 마음에 들지 않았다.

3년 뒤인 1933년, 비온은 타비스톡클리닉(Tavistock Clinic)에 취업했다. 그는 정신의학과 정신분석을 정식으로 공부하지 않았기 때문에 처음에는 조수로 일하기 시작했다.

1920년에 문을 연 타비스톡클리닉은 외래환자만 받았다. 이곳은 사립이기는 했지만 기부금과 공공 지원을 받고 있어 진료비가 비싼 다른 개인 클리닉에 가지 못하는 환자를 많이 받았다. 환자 대다수가 포탄 충격(sell shock) 등에 의한 전쟁 신경증을 앓고 있었다. 요즘 말하는 외상 후 스트레스 장애(Post Traumatic Stress Disorder, PTSD)였다. 치료법에는 일반의학, 정신의학, 정신분석이 혼재해 있었는데, 환자의 현재 증상과 과거에 일어난 원인의 인과 관계를 도출하는 방법이었다.

사무엘 베케트를 치료하다
발견한 것

1934년, 초보 정신과 의사 겸 정신치료사가 된 비온에게 훗날 노벨문학상을 수상한 사무엘 베케트(Samuel Beckett, 1906~1989)를 치료할 기회가 생겼다. 베케트는 당시 스물일곱 살의 청년으로, 반복되는 신체적 불편함을 겪고 있었다. 고향 더블린의 주치의는 그런 그의 증상을 심신증이라 판단하고, 그에게 런던으로 가서 정신치료를 받아보길 권했다.

그리하여 아일랜드에 있는 동안 줄곧 과보호 성향의 어머니에게서 벗어나지 못했던 베케트가 런던으로 와서 비온에게 치료받기 시작한 것이다.

베케트는 2년이 채 되기 전에 치료를 마쳤는데, 이 일을 계기로 그는 평생 정신치료와 정신분석에 관심을 보이게 되었다. 베케트는 치료를 마친 뒤 1937년에 프랑스로 건너갔고, 이듬해 초에 자신의 첫 장편소설 『머피(*Murphy*)』를 썼다. 그리고 1945년 이후에는 프랑스어로 글을 쓰기 시작했다.

1952년 희곡 『고도를 기다리며』로 작가의 지위를 확립했다. 외적 존재를 상실한 인간의 내면을 그리는 독특한 경지를 개척한 베케트는 1969년에 노벨 문학상을 수상했다. 정신치료사 비온과의 만남이 그 후 집필한 작품의 방향성을 결정한 것이 분명하다.

두 사람이 다시 만났거나 편지를 주고받은 흔적은 없다. 물론 비온의 입장에서는 환자의 개인 정보를 보호해야 하므로 베케트에 대한 그 어떤 기록도 남기지 않았을 것이다.

두 사람이 2년의 치료 기간을 거치는 동안 서로에게 받은 감정이 그 후 두 사람의 일에 큰 영향을 끼쳤을 것이다. 그리고 두 사람 모두 서로의 작품을 읽지 않았을까? 정신분석가로 일한 비온, 그리고 작가로 활동한 베케트. 아마도 이 둘은 자신들의 직업에 언어의 비도달성, 즉 언어로는 세상과 인간의 내면 모두 완전히 구원할 수 없다는 슬프고도 무거운 진실이 각인처럼 새겨진 것을 실감했을 것이다.

베케트가 평생 표현한 것은 세상과 인간의 마음을 완전히 구원하지 못하는 언어의 불완전성이었다. 그가 동음이의어 같은 말장난을 자주 쓴 것도 아마 그런 이유에서일 것이다. 예를 들면 다음과 같은 문장이 있다.

Comment c'est?	꼬망세(이거 어떻게 해?)
Comme on sait	꼼옹세(알다시피)
Commencez	꼬망세(시작해)

발음은 모두 같지만 철자도 다르고 뜻도 전혀 다르다.

베케트에게 작품 세계란 뭔가를 그려내는 곳이 아니라, 자신의 몸을 둘 수 있는 곳이나 마찬가지였다. 이런 에피소드가 남아 있다.

한 편집자가 베케트에게 어느 화가의 작품에 대한 글을 써달라고 부탁했다고 한다. 예전에 베케트가 그 화가를 높이 평가했던 것을 알고 있었기 때문이다. 베케트는 심사숙고한 끝에 이렇게 대답했다.

"저는 뭔가에 대해 쓸 줄 모릅니다."

이 말은 아마 베케트의 마음속 깊은 곳에서 솟아난 외침일 것이다. 베케트의 작품은 뭔가에 대해 쓴 것이 아니라 그 자체가 하나의 우주다.

또 다른 에피소드도 있다. 그 유명한 〈고도를 기다리며〉의 초연을 앞두고 배우들이 연습하던 중에 있었던 일이다. 현장에는 베케트도 참석해 있었다. 배우들은 대본에 쓰인 대사를 연습하고 있었는데, 어느 순간 참지 못하고 베케트 앞에 몰려들어 물었다.

"이 대사는 전체적으로 봤을 때 어떤 의미인가요?"

그러자 베케트가 이렇게 대답했다.

"대본에 적힌 대로 말하면 됩니다."

그 상태로 어떻게든 리허설을 진행했지만, 배우들의 표정에는 당황한 빛이 역력했다. 결국 배우들이 다시 물었다.

"말씀하시는 뜻은 알겠지만, 결국 이 대사가 의미하는 것은 무엇입니까?"

그러나 베케트의 답은 앞서와 마찬가지로 '대본에 적힌 대로 말하라'라는 것이었다.

그것이야말로 베케트가 다다른 세상이었다. 그 작품은 어긋난 대사, 엇갈림, 성립되지 않는 대화, 좀 더 나아가 의미의 거부로 이루어져 있었다. 작품 전체가 애매한 세상 그 자체였다.

이는 의미를 추구하지 않는 추상화나 음악의 세계와 유사하다. 인간의 내면에 좀 더 깊이 들어가려면 표층적인 의미를 거부할 수밖에 없다.

비온도 2년 동안 베케트를 치료하면서 이러한 언어의 한계성과 소통의 엇갈림을 알아차린 듯하다. 흔한 말로 상대방의 마음속에 들어가지 못하는 답답함을 느꼈을 가능성이 크다. 즉 정신치료나 정신분석에서 일반적으로 주고받는 대화만으로는 표면적인 소통밖에 이루어지지 않는다는 사실을 알아차린 것이다.

그는 내면 깊은 곳에서부터 나오지 않는 말은 표면에 머무를 뿐, 더 이상 깊이 들어갈 수 없다는 사실을 실감했을 것이다. 또 치료자와 환자 사이에 오가는 말은 좀 더 신선하고 심오해야 한다는 반성도 했을 것이다.

그때부터 비온은 개인치료보다 집단치료에 관심을 기울인 것으로 보인다. 여러 사람이 함께 대화를 나누다 보면 생각지도 못한 말이 느닷없이 튀어나오기 때문이다.

이해되지 않는 것에 대해 성급히 결론을 내리지 않고 신기하고 놀라운 감정에 조금씩 익숙해지면서 불확실한 상황을 견디는 힘. 비온이 그러한 소극적 수용력에 도달할 수 있었던 것도 젊은 시절 베케트와의 만남이 출발점이었을 것이다.

그런 의미에서 두 거장이 젊은 시기에 만난 사실은 두 사람의 인생에 큰 전환점이 되었을 것이다.

2차 세계대전과
정신질환

비온은 그 후 1937년부터 존 리크만(John Rickman)에게 교육분석을 받기 시작했다. 정신분석 의사가 되려면 그 자신도 장기간에 걸쳐 선배로부터 정신분석을 받아야만 했다. 이때 받은 교육분석은 제2차 세계대전이 발발하면서 중단되고 그것으로 끝이 났다. 비온은 리크만의 분석에 불만을 느꼈지만 그럼에도 꾹 참고 견뎠다. 그가 발휘한 인내력은 10년 뒤, 그가 8년 동안 멜라니 클라인의 교육분석을 받는 기초가 되었다.

1939년에 제2차 세계대전이 발발하자 비온은 다시 전쟁에 뛰어든다. 그는 체스터(Chester)에 위치한 육군병원에서 근무했다. 제2차 세계대전 당시 군인들에게 나타난 가장 심각한 문제는 정신질환이었다. 이러한 상황은 정신과 의사의 중요성을 더욱 부각하는 계기가 되었다. 제2차 세계대전이 발발하기 전에는 육군병원에 정신과 의사 두 명과 레지던트 여섯 명밖에 없었다. 그러나 전쟁이 끝날 때쯤에는 정신과 의사만 300명이 넘게 증원되었다. 이제는 정신과 의사가 군인들의 정신질환 예방과 환자 치료뿐만 아니라 재활 훈련까지 담당하도록 임무가 확대되었다. 이러한 흐름은 제2차 세계대전 이후 영국의 정신의학을 결정짓는 요소가 되었다.

군대에서 정신과 의사가 맡는 역할이 한 가지 더 있다. 바로 신병의 적성검사다. 적성을 판별하는 방법으로는 서식 테스트와 면접이 있었다. 비온은 이러한 방법이 현실을 반영하지 않는다고 보고 획기적인 방법을 고안해냈다. 바로 '리더 없는 집단(leaderless group)'이라는 것이었다.

예를 들어 소집병이나 지원병 8~9명을 한 팀으로 묶고, 다리를 만들라는 과제를 낸다. 그 외에는 다른 어떤 지시도 내리지 않는다. 그러면 팀원은 저마다 자신의 역할을 정하고 협력해 다리를 놓을 수밖에 없다. 그러면 이러한 집단적 움직임과 개인의 상호관계를 관찰해 각 개인에게 알맞은 적성을 결정하는 것이다. 이러한 방법은 수많은 시험을 치르게 하는 것보다 훨씬 간단하고 실질적인 방법이라고 높이 평가받고 있다.

비온은 그 후 전쟁 신경증을 앓는 병사들을 치료하는 노스필드 병원으로 자리를 옮겼다. 이곳에서는 환자들의 재활 치료를 중점적으로 다루었는데, 비온은 이곳에 가자마자 곧바로 앞서 언급한 '리더 없는 집단' 기술을 응용하려 했다.

비온이 첫 아내 베티(Betty)와 결혼한 것은 제2차 세계대전이 발발했을 무렵으로, 그는 아내의 허락 하에 노르망디 상륙작전에 참가했다. 노르망디에 머물던 비온은 아내가 무사히 딸을 출산했다는 소식을 듣는다. 그러나 안심한 것도 잠시, 사흘 뒤에 전화로 아내의 사망 소식을 전해 듣는다. 비온에게 제2차 세계대전은 아내의 죽음과 겹쳐졌다. 게다가 이번 전쟁에는 정신과 의사로 참가했기에 병사로 입대해 훈장까지 받았던 제1차 세계대전과는 달리 계급도 오르지 않았고 그 어떤 전공도 세우지 못했다.

전쟁이 끝난 후 비온은 런던 교외에 있는 집을 빌렸다. 아내의 부모님께 어린 딸을 맡기고 런던 할리 스트리트(Harley Street)의 방 한 칸에서 진료를 시작했다. 생계를 해결하기 위해 주말에도 쉬지 않고 일했다. 동시에 타비스톡클리닉의 비상근 직원으로도 근무했다.

미국 정신과 의사들에게
초청받다

당시 정신분석 연구소에도 소속되어 있던 비온은 멜라니 클라인(Melanie Klein)에게 교육분석을 받을 기회를 얻었다. 클라인 여사는 당시 예순세 살로, 영국정신분석학회의 중진이었다. 교육분석은 8년간 이어졌다.

그러는 한편 비온은 타비스톡클리닉에서 그룹 치료를 시도했다. 획기적인 것은 치료 대상이 환자 그룹이 아니라 다양한 영역의 치료자로 구성된 그룹이었다는 점이다. 더군다나 그룹 내에는 그 어떤 정해진 규칙도 없었다. 그저 치료 집단에서 일어나는 일을 관찰하는 것이 목적이었다.

1948년, 비온은 영국정신분석학회의 정식 회원으로 인정받은 후 정신분석 의사로 런던에 새로 개업했다. 당시 그의 나이는 쉰한 살이어서 상당히 늦은 편이었다.

1950년, 비온은 타비스톡클리닉에서 조수로 일하던 프란체스카(Francesca)라는 과부와 알게 되었다. 프란체스카는 비온보다 나이가 어렸으며 음악적 재능이 뛰어나 예전에 가수가 되기 위한 교육을 받기도 했다. 두 사람은 이듬해 결혼식을 올렸다. 비온은 아버지의 옛집을 팔고 크로이던(Croydon)에 위치한 더 넓고 아름다운 집을 구입했다. 이들 부부는 1952년에 아들, 1955년에 딸을 얻었다.

1956년에 런던정신분석클리닉 소장이 되었고, 1960년에 멜라니 클라인이 서거하자 1962년에 영국정신분석학회의 회장으로 선출되는 등 여러 중직을 맡았다. 이 기간 동안 어찌나 업무가 과중했던지 지하철에서 쓰러져 2주일 동안 입원하는 일까지 있었다.

이처럼 요직에 머무르는 동안에도 비온은 많은 저술을 발표했다. 발표하는 글마다 정신분석학회 회원들을 당혹시킬 만큼 난해하고 모호했지만, 이 또한 비온이 의도한 바였다. 비온이 중시한 것은 사고의 흐름과 동향이었다.

이를 위해 비온이 창출한 개념이 알파 요소와 베타 요소다. 쉽게 말하면 알파 요소는 현상이고, 베타 요소는 자기의 총체다. 베타 요소는 하나의 완전한 기억이라기보다는 미처 소화하지 못한 각각의 사실을 가리킨다. 그에 반해 알파 요소는 소화할 수 있고 사고에 영양분이 되어주는 것이다.

이처럼 어떠한 사실이나 사물을 유동적으로 받아들이는 것이 바로 비온의 특징이다. 그는 변하지 않는 정리나 교칙을 매우 싫어했다. 사고와 행동 모두 자유연상처럼 유동적이어야 한다고 생각한 것이다. 뭔가 확고한 가르침을 원하는 학회의 후배 회원들이 그의 난해한 이론에 당혹해한 것은 당연한 결과였다.

1960년대 말 이후, 멜라니 클라인에 관심을 보인 미국 로스앤젤레스의 정신과 의사들이 클라인 학파의 주요 정신분석 의사들을 초청하기 시작했다. 비온을 초대한 이들은 그에게 가능하다면 평생 로스앤젤레스에 살 것을 제안하기까지 했다.

멜라니 클라인이 세상을 떠난 뒤 클라인 학파의 중심인물로 활동해야만 한 비온은 그들의 요청을 기쁘게 받아들여 1968년 1월 25일 런던을 떠났다. 캘리포니아의 하늘은 런던과 달리 맑고 푸르렀으며, 줄기차게 쏟아지는 소나기는 어린 시절을 보낸 인도 펀자브 지방의 비를 떠올리게 했다. 당시 그의 나이 일흔이었다.

미국은 그 무렵 베트남 전쟁으로 혼란스러운 상태였다. 학생운동 또한 활발히 일어났고, 인종문제도 대두되고 있었다.

소극적 수용력을
정신분석에 적용하다

로스앤젤레스로 거처를 옮긴 후, 비온은 초청을 받아 남미 지역까지 강의나 강연을 하러 다니는 한편 정신분석 의사로 개업해 환자를 돌봤다. 그 과정에서 탄생한 책이 1970년에 발간된 『주의와 해석』이다. 비온은 이 책의 13장 '달성의 전조 또는 행동의 대체물'의 서두에 처음으로 키츠가 말한 소극적 수용력을 인용했다.

이 장에서 비온은 정신분석의 실제가 어떤 식으로 진행되어야 하는지를 논했다. 이를 위해 비온이 핵심 개념으로 선택한 것은 '달성의 언어'였다. 분석을 통해 주고받는 언어는 행동의 전조가 아닌, 행동의 대체물 수준까지 올라가야만 한다고 강조한 것이다.

즉 분석을 통해 내뱉은 말은 주먹으로 때리거나 발로 차는 행위와 마찬가지로, 행동으로서의 달성도를 지닐 필요가 있다고 주장했다.

정신분석에서는 분석자와 환자가 대치하는 상태에서 말을 주고받는다. 이때 쌍방 모두 각자의 '관점'이 있기 마련이다. 비온은 이러한 '관점'을 꺼렸다. 이러한 관점은 어느 한쪽으로 고정된 일방적인 시선이기 때문이다. 비온은 그 대신 '정점'이라는 용어를 선택했다. 산 정상을 상상하면 쉽게 이해할 수 있다. 산 정상에 서면 360도로 펼쳐진 전망을 볼 수 있다. 어느 한 '관점'보다 시야가 훨씬 넓고 초점도 한 곳이 아닌 여러 곳에 둘 수 있다.

이러한 '정점'을 지닌 인간과 인간이 서로 말을 주고받는 것이 정신분석이다. 말을 주고받는 과정에서 일어나는 현상과 다양한 감정, 표현 중에서 그 어느 것 하나 간과해서는 안 된다. 만약 뭔가를 놓친다면 결코 달성의 언어라 할 수 없다.

비온은 이때 분석자가 유지해야만 하는 능력이 바로 키츠의 소극적 수용력이라 말했다.

키츠가 소극적 수용력을 언급한 이유는 이것이 시인이나 작가가 외부 세계를 대할 때 발휘해야 할 능력이라 생각했기 때문이다. 마찬가지로 비온은 정신분석 의사와 환자 사이에 일어나는 현상과 그들이 주고받는 언어에 소극적 수용력이 필요하다고 주장했다.

즉 이해할 수 없거나 신비로운 상황 혹은 의심스러운 상황이 벌어졌을 때, 이를 설명할 수 있는 사실이나 이유를 성급히 찾으려고 하지 않고 그 상황을 있는 그대로 지켜보는 태도가 필요하다고 본 것이다.

그리고 그 챕터의 말미에 비온은 충격적인 글을 남긴다. 소극적 수용력을 유지하는 것은 형태가 없고 무한하며 말로 표현할 수 없는 비존재의 존재다. 기억, 욕망, 이해를 모두 버렸을 때 비로소 이러한 상태에 도달할 수 있다고 결론짓는다.

이는 정신분석에 대한 근원적인 물음이다. 학문이란 기억과 이해를 바탕으로 하며, 그 안에 욕망이 숨어 있다. 그런데 이들을 모두 버려야만 도달할 수 있다고 하니, 그의 말이 사람들에게는 큰 충격으로 다가왔을 것이다.

하지만 비온의 심정 또한 이해된다. 정신분석의 대가로서 여러 젊은 분석가들을 접할 기회가 많았던 비온에게는 고민이 있었다. 정신분석학은 방대한 지식과 이론이 축적된 학문이다. 젊은 분석가들이 그러한 지식의 학습과 이론의 응용에만 얽매여 자칫 눈앞에 놓인 환자와 대화를 나누는 일을 소홀히 할까 걱정되었다. 환자의 말을 경청하면서 경험을 쌓지 않고, 정신분석학적 지식만으로 환자를 살피고 이론을 적용하려고 하는 것은 본말전도다.

기억, 이해, 욕망을 모두 버리라는 비온의 말은 매우 중요한 지적이다. 어설픈 지식과 고정된 정리를 머리에 쑤셔넣은 상태로 환자를 바라본다면 고작 그 범위 안에 있는 것들만 보일 뿐 시야가 더 넓어지지 않는다.

정신분석학적 기억과 이해만으로 접근하면 환자가 하는 말이나 사소한 행동 하나하나에 그와 관련된 이론을 성급히 끼워 맞추게 되어 흔하고 진부한 해석을 하게 된다. 비온은 해석이란 그런 것이 아니라 좀 더 개방적이고 신선해야 하며, 새로운 경지로 나아가려는 노력을 해야 한다고 이야기한 것이다.

소극적 수용력을
되살리다

그리하여 키츠가 평생을 바쳐 깨달은 소극적 수용력이라는 개념이 170년 후 비온의 손에서 되살아났다. 게다가 그 개념이 적용되는 분야도 단숨에 넓어졌다. 비온이 없었다면 키츠가 평생 단 한 번, 남동생들에게 보낸 편지 속에 남긴 소극적 수용력이라는 용어는 영원히 묻히고 말았을 것이다.

비온이 그저 평범한 정신분석 의사가 아니라 역사와 철학, 문학을 공부한 지식인이었기에 키츠가 꺼낸 말에 관심을 보였고 이를 정신의학 분야에서 되살린 것이다.

나는 이러한 인연에는 우리 인간의 눈에는 보이지 않는 초월적 존재, 신의 힘이 작용했으리라 여긴다.

로스앤젤레스를 거점으로 활동하기 시작한 비온은 그 후 브라질과 아르헨티나를 여러 차례 방문했다. 그는 아마존강 위를 비행기로 지나면서 어린 시절 인도 델리에서 본 갠지스강을 떠올렸다. 물론 그는 실제로 인도에 다시 방문하기도 했다.

1973년 이후에는 부인 프란체스카가 동행하며 비서 역할을 수행했다. 그 덕분에 남미에서 그가 펼친 강의와 대담을 담은 책이 얼마 후 런던에서 출간되기도 했다.

1975년, 비온은 브라질에서 연 그의 열한 번째 세미나에서도 키츠의 소극적 수용력을 언급했다. 비온은 셰익스피어가 위대한 이유는 키츠가 지적한 것처럼 그가 확실성을 성급히 추구하지 않고 신비하거나 미분화된 진실을 견딜 수 있었기 때문이라는 사실을 강조했다. 정신분석 의사는 환자에게서 받는 압박 때문에 문제를 성급히 결론 내리려고 하는 성향이 있다. 그들이 다루는 문제는 대부분 막연하고 실체가 없으며 당장 해결할 수 없는 경우가 대부분임에도 말이다.

어린이들은 자신이 보고 느낀 점을 그대로 말하고, 행동으로 옮기며, 그림으로 표현한다. 어린이들이 그린 그림을 보면 성인이 알아보거나 이해하기 어려운 그림이 그려져 있다. 비온은 이를 성인의 입장에서 어떤 식으로든 정의 내리거나 해석하려는 것은 옳지 않다고 이야기한다. 그림을 그리는 그 순간에는 아이들에게 그 어떤 기억도 욕망도 이해도 존재하지 않기 때문이다.

비온의 세 자녀 가운데 장녀 파르테노페(Parthenope)는 이탈리아 음악가와 결혼한 뒤 이탈리아에서 정신분석 의사로 일했다. 장남 줄리언(Julian)은 의사, 차녀 니콜라(Nicola)는 언어학자가 되었다.

비온 부부는 1979년까지 캘리포니아에 살다가 8월 말에 영국으로 돌아왔다. 노년을 두 자녀 곁에서 보내고 싶었을지도 모른다. 비온은 런던으로 돌아와 다시 클리닉을 열 준비를 하던 중에 급성 골수성 백혈병에 걸린 사실을 알게 되었다. 존 래드클리프 병원에 입원한 비온은 결국 11월 8일에 세상을 떠났다. 그의 나이 여든두 살로, 런던으로 돌아온 지 불과 두 달밖에 되지 않은 시점이었다.

그의 시신은 런던의 북동쪽, 북해에 면한 절벽 근처에 위치한 헤이즈버러(Happisburgh)에 묻혔다. 그가 사춘기 시절부터 노픽(Norfolk) 지방을 좋아했기 때문이다.

3장

알고자 하는 뇌

심리치료견의
'학습' 구조

　소극적 수용력을 키우는 것은 '기억도 없고, 이해도 없고, 욕망도 없는' 상태라는 비온의 말은 상당히 충격적이다. 어릴 적부터 우리는 교육을 통해 줄곧 기억과 이해 그리고 '이런 사람이 되고 싶다', '이렇게 되고 싶다'라는 욕망을 불러일으키는 길을 줄기차게 달려왔기 때문이다. 하지만 이러한 행동을 부추기는 것은 사실 교육자가 아니라 인간의 뇌다.

　우리의 뇌는 무엇이든지 다 알고자 한다. 모르는 것이 눈앞에 있으면 불안해서 견디질 못한다.

　우리 집에는 '신(心)'이라는 이름의 시바견이 있다. 수컷으로 나이는 아홉 살이다. 생후 두 달 반이 되었을 무렵부터 매일 클리닉에 나가 함께 일하는데, 지금까지 단 하루도 쉰 적이 없다. 신은 심리치료견이라서 사료나 예방접종 비용 등을 필요경비로 인정받는다. 대신 다른 직원과 마찬가지로 출근부를 작성해야만 한다. 신의 출근부에는 강아지 발바닥 모양의 고무도장을 찍는다.

신은 자신이 해야 할 일을 잘 안다. 우는 환자가 있으면 걱정스러운 표정으로 곁에 다가간다. 환자가 끊겨 대기실이 텅 비어 있으면 그 또한 걱정이 되는지 바닥에 드러누운 채로 입구를 바라본다. 다리 힘이 약한 고령의 환자가 입구에서 서성대고 있으면 도리어 자신이 어쩔 줄 몰라 하며 어서 오라는 듯이 짖어댄다.

게다가 젊고 예쁜 환자가 나타나면 금세 다가간다. 중년 환자 중에서도 상냥한 사람은 좋아하는 듯하다. 또 개나 고양이를 키우는 환자에게서는 그 냄새가 나는지 쉽게 따른다.

우리 집에 한 번이라도 찾아온 적이 있는 손님은 얼굴을 기억하는지 2~3년 뒤에 다시 와도 어서 오라는 듯이 반긴다.

언젠가 신과 산책하는 길에 어느 집 앞을 지나는데 그 집에 살던 큰 개가 나타나 무섭게 짖어댄 적이 있었다. 그 후로 그 길로는 다니지 않다가 몇 년 후에 다시 그 집 앞을 지나게 되었는데 신은 경계하는 모습을 보이며 줄곧 그 집 안을 살폈다. 예전에 본 큰 개는 죽기라도 한 것인지 그 후 여러 번 그 집 앞을 지나도 보이지 않았다. 하지만 신은 결코 경계를 늦추지 않았다.

또 신은 내가 학회나 다른 일로 떠나기 위해 여행 가방을 꺼내

오면 초조한 모습을 보인다. 아마 내가 당분간 집을 비울 거라는 사실을 아는 듯하다.

나는 신을 특별히 훈련시키지 않았다. 유일하게 내세울 만한 점은 좌우를 구분할 줄 안다는 것이다. 좌우를 구분할 줄 아는 개는 아마 세상에 몇 마리 없을 것이다.

신이 생후 3개월 무렵일 때부터 산책하면서 내 앞을 걸어가게 했다. 모퉁이를 돌 때마다 오른쪽, 왼쪽, 직진을 외치며 그대로 따르게 했다. 그러자 세 살 무렵부터는 내 목소리만 듣고도 방향을 선택할 수 있게 되었다.

이러한 신의 성장과 행동을 관찰하다 보면 뭔가를 '안다는 것'에 대한 학습의 구조를 이해할 수 있다. 동물의 뇌는 '안다는 것'을 위해 학습을 거듭하고 있는 듯하다.

학습의 기반을 이루는 것은 기억이다. 기억이 없으면 뭔가를 알게 될 수가 없다. 이러한 기억에는 두 종류가 있다. 첫 번째는 해당 종(種)이 대대로 물려받는 본능이다. 즉 종의 기억이라고 말할 수도 있다.

예를 들어 신이 울고 있는 환자의 곁에 다가가는 모습은 결코 신이 획득한 자비적인 행동이라 생각할 수 없다. 이는 개라는 종이 얻은 기억의 성과다. 신이 개나 고양이를 키우는 사람에게 마음을 열고 다가가는 것도 그 사람에게서 나는 냄새에서 본능적으로 친근감을 느끼기 때문이라고 해석된다. 젊고 예쁜 사람을 좋아하는 것도 호감이 가는 인물을 지각적으로 식별해내는 본능 때문인지도 모른다.

한편, 예전에 한 번 만나 친해진 환자는 발걸음 소리만 들려도 밥 먹는 것조차 중단하고 잽싸게 문 앞으로 달려나간다. 신의 이러한 행동은 본능이 아니라 스스로 획득한 기억이다. 예전에 집에 온 손님이 다시 찾아오면 반갑게 맞아 상대방을 기쁘게 하는 것 또한 기억 덕분이다. 단 한 번 짖었을 뿐인데도 그 개가 살던 집 앞을 지날 때면 늘 경계를 게을리하지 않은 것도 모두 사건을 기억하고 있기 때문이다.

기억과 '안다는 것' 사이에 기호가 끼어들면 더욱 효율적으로 된다. 내가 여행 가방을 준비하자마자 신이 불안한 모습을 보인 것은 여행 가방이 나의 부재를 나타내는 기호가 되었기 때문이다. 외출복으로 갈아입으면 현관 앞에 먼저 나가 기다리고 있는 것 또한 내 복장이 기호화되었다는 증거다.

그중에서도 가장 큰 힘이 작용하는 기호가 바로 언어다. 신이 오른쪽, 왼쪽, 직진 같은 말에 따라 자신이 나아갈 방향을 바꾸는 것은 언어의 힘이다. 내가 간식을 들고 '이거 먹을 사람?' 하고 물으면 오른쪽 앞발을 살짝 들어올리는 것도 오랜 훈련의 산물이다.

개보다 전두엽이 훨씬 발달한 인간은 '안다는 것'을 위해 이러한 기호를 문자와 숫자, 기호, 도형 등으로 크게 발전시켰다. 이모티콘도 마찬가지다. 이해를 돕고 서로를 더 잘 알기 위해 인간이 부단히 애써온 결과물이다.

　기호 외에도 이해를 돕기 위한 다양한 노력이 행해진다. 이 책에서도 그러한 노력을 하고 있다. 책 서두에 목차를 제시하여 전체적인 구성을 보여주고, 각 장마다 논점을 정리하여 내용이 일맥상통하도록 저술하려고 애썼다.

　전체 내용을 파악할 수 있도록 지도를 첨부하는 책도 있다. 예를 들어 일본 지쿠고 지방 아리마(有馬) 가문의 영토를 그린 에도시대의 고지도를 보면 마치 항공사진처럼 자세하다. 강은 하늘색, 길은 빨간색 선으로 표시되어 있고, 1리(3.927km, 한국의 10리에 해당_역주)마다 표시가 되어 있어 거리까지 알 수 있다. 고을은 저마다 다른 색으로 표시되어 있고, 모든 마을은 원으로 표시하고 그 옆에 이름을 적었다. 산간 지역은 선을 빼곡히 그려 넣어 누가 봐도 산이라는 것을 알 수 있게 했다.

　에도 시대에 사용된 어구나 농기구를 그린 그림도 남아 있어 그 모습을 정확히 알 수 있다. 당시 농민이 작업하던 재래식 탈곡기의 그림까지 함께 있어 탈곡기를 어떻게 사용했는지도 알 수 있다. 현대로 치면 제품 설명서 같은 것으로, 그림을 이용해 그 농기구의 구조를 설명한 것이다.

　이 밖에도 막연한 것에서 일관된 법칙을 이끌어내어 좀 더 이해하기 쉽게 하는 방법도 있다. 옥편(한문사전)의 앞부분에 부수나 획수로 찾는 방법이 자세히 나와 있는 것이 그 예다.

이처럼 우리도 알 수 없는 대상이 눈앞에 놓이면 어떻게든 그것의 정체를 알아내려고 애쓴다. 생물을 동물과 식물로 구분한 후 그 둘을 합치는 것도 이해를 돕기 위해서다. 무작위로 적혀 있는 숫자를 보면 왠지 모를 불편함을 느끼지만, 3의 배수가 나열된 것이라는 등의 숨은 규칙을 발견하면 마음이 놓인다. 이는 우리 인간의 뇌에 알아내려고 하는 성향이 있다는 증거다.

매뉴얼에 익숙해진
뇌

이해를 돕는 가장 편리한 도구는 매뉴얼일 것이다.

대부분의 서비스업에는 매뉴얼이 존재한다. 매장에는 그야말로 별별 손님이 다 찾아온다. 성별과 나이는 물론이고 사회적 지위나 직업 또한 제각기 다르다. 여기에 개인의 개성까지 더해지므로 각각의 고객을 대하는 방법을 연구하자면 그야말로 끝이 없다. 게다가 같은 고객이라도 상황에 따라 반응이 달라질 수 있다.

신입사원을 교육할 때 이런 천차만별인 고객들을 적당히 대하라고 할 수는 없는 법이다. 상황별 대응법과 말투, 동작, 미소, 인사법 등을 전부 매뉴얼로 만들어두면 가르치는 사람도 편해진다. 매뉴얼대로만 하면 적어도 실패하는 일은 없을 것이다.

하지만 매뉴얼이 고객을 당혹스럽게 만들 때도 있다. 예를 들어 컴퓨터 사용 설명서를 보면 입이 떡 벌어질 만큼 설명이 장황하다. 젊은이들은 이를 꼼꼼히 읽을지 몰라도 나이 든 사람은 오히려 설명서 때문에 골치가 아프다. 그런 설명서에는 혹시 무엇 하나라도 문제가 생기면 어떡하나 싶은 노파심이 깔려 있으므로 가장 중요한 내용이 무엇인지 파악하기가 힘들다. 나이 든 사람의 입장에서는 요점만 간단히, 크게 적어주는 편이 좋다.

이런 적이 있었다. 서점에서 일곱 권짜리 전집을 들고 계산대로 가자 아르바이트생 명찰을 단 젊은 청년이 장황한 대사를 늘어놓으며 뭔가를 물었다. 간단히 요약하면 이 일곱 권 중에 커버를 씌우고 싶은 책이 있는지 묻는 질문이었다. 나는 당연히 없다고 대답했다. 커버가 필요한지를 묻고 싶다면 그저 '커버를 씌우시겠습니까?' 하고 물으면 그만이다. 그런 간단한 질문을 매뉴얼에 적힌 대로 성의 없이 줄줄 읊어대면 고객 입장에서 '뭐지?' 싶어진다.

컴퓨터의 장황한 사용 설명서나 반자동적으로 읊어대는 점원의 말이나 결국 같다. 뇌가 고민하지 않고 그저 매뉴얼에 따라 요구한 결과가 본래의 서비스 정신을 잊어버린 소통을 낳은 것이다.

지진이나 화재 같은 긴급 사태가 발생했을 때도 매뉴얼이 있으면 뇌는 고민하지 않고 이를 그대로 따른다. 모든 것을 다 파악했다 생각하고, 그 상태를 큰 실수 없이 벗어날 수 있다.

하지만 매뉴얼에 익숙해진 뇌는 매뉴얼이 존재하지 않는 상태가 벌어졌을 때 사고가 정지되어버린다. 마치 미리 입력되지 않은 상황에 맞닥뜨린 컴퓨터가 작동을 멈추어버리는 것처럼 말이다.

획일적인 사고를
경계해야 한다

비온이 소극적 수용력을 획득하는 데에 기억과 이해와 욕망이 모두 방해가 된다고 말한 배경에는 정신분석학회에 만연한 매뉴얼 제일주의에 대한 우려가 깔려 있었다고 생각한다.

앞 장에서 언급한 바와 같이 정신분석학에는 오랜 세월 축적된 방대한 이론이 존재한다. A라는 증상의 이면에는 이러이러한 성장과정이 숨어 있다. 이 상황은 이러저러한 치료 단계에서 자주 발생하며 그 이유는 이러저러하다는 식이다.

이러한 내용을 머릿속에 넣어두면 눈앞에서 벌어지는 상황이나 환자의 증상을 고민하지 않고 단번에 이해할 수 있다. 정신분석 의사는 그저 이론을 적용시키기만 하면 끝이다. 조금도 고민할 필요가 없는 것이다. 이 또한 일종의 매뉴얼이다.

이러한 매뉴얼화를 비온은 꺼렸다. 이에 익숙해져 환자와 치료자의 소중한 만남 그리고 둘이서 주고받는 생생한 대화의 중요성이 사라질 것을 우려했기 때문이다.

본인은 마치 다 알고 있다는 듯한 획일적인 사고가 문제가 된 대표적인 사례가 헬리코박터 파일로리 균의 발견 과정이라고 생각한다. 헬리코박터 파일로리(Helicobacter pylori) 균은 만성위염과 위암의 원인으로 알려져 있으며, 일본인 두 명 가운데 한 명이 보유한 것으로 알려져 있다. 1983년에 오스트레일리아의 의사 두 명이 이 균을 발견했다. 그들은 인간의 위에서 채취한 나선형 세균을 배양하는 데에 성공했다.

산성을 띠는 위 안에 서식하는 세균이 있다는 사실은 이미 그것이 발견되기 100년 전부터 산발적으로 보고된 바 있었다. 하지만 1950년대에 들어 한 미국 병리학의 권위자가 1,000명 이상의 위 생체표본을 조사한 결과 세균이 발견되지 않았다고 보고한 이후, 30년이 넘는 긴 세월 동안 위산 환경 내에서는 무균이라는 이론을 믿어왔다.

당시 위 내시경이 가장 발달하고 그만큼 많이 사용한 나라는 일본이었다. 그러니 당시 수천 명이 넘었던 일본의 소화기내과 의사들은 매일같이 환자의 위를 들여다보고 있었을 것이다. 위액을 채취해 현미경으로 검경한 의사도 수백 명에 달했을 것이다. 그들 중에 누군가가 우연히 세균처럼 생긴 물체를 봤다고 해도 그저 이를 이물질이나 인공산물(artifact)이라 치부하고 더 이상 연구하지 않았을 것이다.

어느 한 권위자의 잘못된 판단을 기억하고 이해한 다음, 눈앞에 보이는 것을 서둘러 결론 내버리고 싶어 한 욕망이 헬리코박터 파일로리 균의 발견을 늦춘 것이다. 비온이 기억과 이해와 욕망을 버리라고 강조한 것은 그런 함정에 빠질 수 있다는 것을 알았기 때문일 것이다.

비온의 주장과 비슷한 이야기로, 『장자』에 나오는 혼돈(混沌)왕 이야기가 있다.

어느 날 혼돈왕이 남해의 왕과 북해의 왕을 불러 융숭하게 대접했다. 연회가 끝나자 크게 만족한 남해와 북해의 두 왕은 혼돈왕에게 얼굴을 만들어주기로 했다. 혼돈왕은 눈과 입, 코, 귀가 하나도 없었기 때문이다. 두 왕은 혼돈왕이 잠든 사이에 그의 얼굴에 콧구멍 두 개, 입 하나, 눈 두 개, 귓구멍 두 개를 뚫었다. 드디어 혼돈왕의 얼굴이 완성되자 두 왕은 크게 기뻐했지만, 그 사이에 이미 혼돈왕은 죽어버렸다.

이 이야기는 지나친 지성화가 상대의 고유성을 없앨 수 있다는 가르침을 주고 있다. 혼돈에 질서를 만들려고 제멋대로 구멍을 뚫으니 혼돈이 죽어버린 것이다.

나와 30년 동안 교분을 나눈 신경심리학자 야마도리 아쓰시 선생은 이러한 뇌와 심리의 미묘한 관계를 알기 쉽게 풀어서 설명해주었다.

야마도리 선생의 말에 따르면 뭔가를 안다고 해도 그 수준은 사람마다 다르며, 얕은 이해와 깊은 이해가 있다고 한다. 얕은 이해에 머무르기 쉬운 것이 축적형 이해다. 이른바 작고 소소한 이해를 층층이 쌓아서 큰 이해로 나아가는 것이다. 하지만 현실은 생각처럼 되지 않는다. 아무리 작은 이해를 쌓아도 단편적인 이해에 그치기 쉽다. 앞서 소개한 헬리코박터 파일로리 균의 경우에도 수천 명, 수만 명, 아니 수십만 명의 위를 내시경으로 검사하고도 그 존재를 발견하지 못했었다.

야마도리 선생은 그보다 발견형 이해를 추천한다. 기존 지식이나 교과서는 발견형 이해에 그리 도움이 되지 않는다. 발견형 이해는 스스로 발견할 수밖에 없는 형태의 이해다. 이러한 이해에 참고할 수 있는 것이 자연이라는 모델이다. 자연의 이치를 발판 삼아 스스로 가설을 세우는 것이다.

그 가설에 맞추어 자연을 관찰하고, 자연이 그 가설을 제대로 설명할 수 있는지 검증한다. 이러한 검증에는 도달점이 없다. 스스로 끊임없이 검증하는 과정에서 깊은 이해, 발견형 이해에 도달하게 된다.

야마도리 선생의 견해는 키츠의 소극적 수용력을 상기시킨다. 키츠는 시인이나 작가에게 인간을 포함한 자연과 대치할 경우, 지금 당장 이해할 수 없는 상황이 일어날지라도 결코 그 놀랍고 신기한 현상에 성급히 해결책을 제시하지 말고 흘러가는 상황을 흥미롭게 지켜보라고 주장했다. 인간과 자연을 깊이 이해할 수 있는 방법은 오직 그것뿐이다. 그러한 과정을 통해 얻어진 이해는 본인에게 지도(地圖)가 되고 해도(海圖)가 될 것이다.

키츠가 고대를 소재로 한 장편시를 쓰는 동시에 현세적인 연애시를 쓸 수 있었던 것 또한 그 덕분이었다.

알고자 하는 뇌는
음악과 회화 앞에서 망설인다

뭐든지 알고자 하는 뇌가 알 수 없는 대상을 마주하고 괴로워하는 대표적인 예가 음악과 회화다.

예를 들어 클래식 음악을 처음 들으면 사람들은 대부분 이해하기 어렵다며 듣기를 포기해버린다. 하지만 애초에 음악이란 이해할 수 없는 것이며, 군이 이해하려 들지 않아도 된다. 그저 음미할 뿐이다. 수려한 장관을 감상하듯이 음악에 몸을 맡기면 된다. 화창한 날, 산 정상에서 바라본 풍경을 보고 '아, 알겠어'라고 말할 사람은 없다.

원래 음악은 이해를 전제로 하지 않는다. 답이 없는 세상의 여러 문제에 끊임없이 도전하는 것과 같다고 할 수 있다. 사랑하는 자식을 잃은 절절한 슬픔이나 연인을 얻은 기쁨을 가사나 사람의 목소리, 타악기나 관악기, 현악기 등으로 그대로 표현한다. 답을 찾으려고 해서는 안 된다는 깊은 뜻을 소리로 추구하는 것이다.

이해를 거부하고, 마음속 깊은 곳에 있는 굴곡까지 소리를 전달해 영혼을 흔든다.

이해를 거부한다는 점에서 음악은 추상화와 비슷하다.

예를 들어 프랑스 남동부 앙티브의 아파트에서 몸을 던져 마흔한 살에 세상을 뜬 화가 니콜라 드 스탈(Nicolas de Staël)이 남긴 〈축구 선수들〉 연작이 있다. 빨간색과 노란색, 흰색, 검은색, 감색의 블록 덩어리가 격렬하게 부딪치는 작품이다.

축구를 표현하는 가장 쉬운 방법은 여러 명이 달려들어 공을 빼앗는 장면을 사진으로 찍는 것이겠지만, 니콜라 드 스탈의 그림에서 전해지는 격렬함은 사진을 뛰어넘는다. 서로 다른 색이 부딪히는 모습에서 땀이 튀는 역동성이 느껴지고, 주변 색에서는 관중의 응원 소리가 들려오는 듯하다. 그림을 바라보면 마치 실제로 경기장에 있는 듯한 착각이 든다. 색과 형태, 붓 터치 하나하나에서 화가의 흥분된 감정이 전해져 보는 이마저 절로 응원하고 싶어진다.

이해를 거부하고, 그보다 높은 감각에 호소하는 것이 바로 추상화다. 뇌는 바로 이런 상태에서 자신이 한 단계 더 진화했다는 기쁨을 맛보는지도 모른다.

쉽게 답할 수 없는
수수께끼와 질문

또 한 가지 기억에 남는 것이 소설가 구로이 센지가 쓴 수필 "너무 많이 아는 사람"이다.

구로이는 젊은 시절, 어느 신문의 서평 위원으로 일한 적이 있다. 십여 명이 한 달에 두 번 정도 모여 누가 어느 책의 서평을 쓸 것인지를 정하고는 했다. 어느 날 그 자리에서 유명한 A작가가 젊은 문예평론가이자 박학다식하기로 소문난 대학교수에게 질문 하나를 던졌다고 한다. 그러자 외국어에도 뛰어난 그 교수가 여느 때처럼 그건 이러이러하다고 바로 대답했다. 이런 문답이 몇 차례 오가자 A작가는 반쯤 농담처럼 이렇게 말했다고 한다.

"난 이제 자네에게는 아무것도 묻지 않겠네. 뭘 물어도 척척 대답하니 재미가 없어."

구로이 센지는 그 말에 A작가의 본심이 숨어 있다는 것을 느꼈다. A작가는 자신이 품은 의문을 상대방이 함께 생각하고 고민해 주길 바랐을 것이기 때문이다. 구로이 센지는 A작가가 던진 그 말에서 수수께끼나 미지의 일을 대하는 그의 자세를 알아차리고 감탄했다고 한다.

구로이가 느낀 감정은 비온이 1976년에 로스앤젤레스에서 연 세미나를 떠올리게 한다. 그 세미나에서 비온은 '질문과 대답'에 대해 날카롭게 지적한다. 세미나에 참가한 인원은 스물다섯 명 정도로, 정신과 레지던트나 정신치료사, 심리학자 등이었다. 세미나 중에 비온은 프랑스 작가 모리스 블랑쇼(Maurice Blanchot, 1907~2003)의 말을 인용했다.

블랑쇼는 소르본대학에서 공부한 뒤 의대를 졸업했고 파리의 생트 안느 병원에서 신경정신과 의사로 근무한 적도 있다. 그는 다양한 분야에서 활동했으며 소설가와 문예평론가, 철학자로서 수많은 저서를 남기고 아흔다섯의 나이에 세상을 떴다.

그런 블랑쇼가 다음과 같은 말을 남겼다.

"대답은 질문에게 불행이다."

(La réponse est le malheur de la question)

비온은 블랑쇼의 말대로 대답이란 호기심에게 불행이나 질병과 다름없다고 말했다. 비온은 심지어 다음과 같은 말까지 했다.

"대답은 호기심을 죽인다."

(The answer is the misfortune or disease of curiosity-it kills it)

참고로 구로이 센지는 1980년대 중반에 큰 인기를 끈 작가이자 일본 예술원 원장까지 겸하고 있는 분이므로 그의 생각을 담은 문장을 그대로 느낄 수 있도록 아래에 인용해보았다.

하지만 새삼 생각해보지 않을 수 없었다. 수수께끼나 질문에는 쉽게 답을 내리지 않는 편이 낫지 않을까 하고 말이다. 그 의문을 마음에 품고 이를 사람의 체온으로 성장시켜 더욱 심오한 질문으로 발전시켜 나가는 것이 어떨까? 때로는 한층 더 심오해진 수수께끼가 얄팍한 답변보다 마음에 더 소중하게 남는 듯하다.

참으로 옳은 말이다. 소극적 수용력은 어설프게 이해하는 것이 아니라, 의문을 하나의 의문으로서 흥미롭게 바라보면서 어느 쪽으로도 기울지 않고 허공에 떠 있는 상태를 견뎌내는 힘이다. 그 앞에는 틀림없이 더욱 심오한 이해가 기다리고 있으리라 확신하며 그 상황을 끝까지 견디도록 힘을 내는 것이다.

소극적 수용력과 의료

적극적 수용력은
의학교육에서 중시하는 것

인간의 행동에 이처럼 중요한 영향을 끼치는 소극적 수용력을 유독 교육 분야에서는 고려조차 하지 않는다는 것을 이해하기 어렵다. 일본에서 과거에 출간되었거나 혹은 현재 사용 중인 그 어떤 교과서를 뒤져봐도 소극적 수용력이라는 표현을 찾을 수 없다.

이는 단적으로 말하면 사람들이 문제를 신속히 해결하는 능력을 개발하는 것을 교육이라 믿고 실행해왔다는 증거이기도 하다.

초등학교 시험부터 대학교, 대학원, 심지어 취직 시험에 이르기까지 모든 시험은 문제를 해결하는 능력을 평가하는 것이었다. 그렇기에 답이 명확히 나오지 않는 문제는 애초에 출제되지 않았다.

답이 준비된 문제를 최대한 신속하고 정확하게 해결하는 능력만을 평가해왔다. 당연히 학교 교육도 문제해결 능력을 개발하는 데에 치중되었다.

이러한 성향이 유독 두드러지게 나타난 분야가 바로 내가 받은 의학교육이다. 의학교육에서는 가능한 한 빨리 환자의 문제를 파악하고, 이를 신속히 해결하는 것이 지상 과제이다. 조금도 머뭇거려서는 안 된다. 환자의 증상을 토대로 몇몇 질환을 비교하는 감별 진단을 한 다음, 이를 신속히 검토해 빠르게 해결법을 찾아야 하는 것이다.

이러한 방법은 소극적 수용력의 반대인 적극적 수용력을 기르는 방식이라 말할 수 있다.

진료 차트도 SOAP에 맞추어 기록한다. S는 Subject로, 환자의 주관적인 언행이나 증상을 의미한다. O는 Object로, 주치의가 진찰이나 검사를 통해 얻은 객관적 정보를 말한다. A는 Assessment로, S와 O를 바탕으로 환자의 상태를 판단·평가하는 것이다. 마지막 P는 Plan으로, 문제를 해결하기 위한 계획과 치료방침을 가리킨다.

이러한 SOAP 방식은 환자의 증상을 토대로 신속히 문제를 찾아내고 이를 해결하는 데에 매우 효과적이다. 의사뿐만 아니라 간호사, 약사 모두 이러한 SOAP 방식으로 차트를 기록한다.

이렇게만 보면 매우 신뢰할 수 있는 방식처럼 보인다.

하지만 현실에서는 환자의 상태를 이렇게 척척 구분할 수 없다. 원인을 찾지 못할 때도 있고, 여러 문제가 복잡하게 얽혀 있을 때도 있으며, 해결 방법이 없는 경우도 있다.

쉽게 말해 말기암 환자를 앞에 둔 담당 의사가 과연 SOAP 방식으로 문제를 해결할 수 있을까? 죽어가는 환자에게 쓸 수 있는 치료법은 한정되어 있다. 아니, 어쩌면 더 이상 할 수 있는 일이 없을지도 모른다. '환자가 통증을 호소하고 있고(S), 의사가 보기에도 무척 고통스러워 보인다(O). 그래, 이 환자는 암 말기구나(A). 이제는 손을 쓸 수가 없어(P).'

이런 상황이 되면 적극적 수용력만 갖춘 담당 의사에게는 그 환자를 지켜봐야 하는 상황 자체가 고통처럼 느껴질 수밖에 없다. 자신이 해줄 수 있는 일이 없기 때문이다. '어차피 해줄 수 있는 일이 없다면 차라리 병실을 찾아가지 않는 편이 낫겠지. 담당 간호사에게 상태를 지켜보게 하고, 보고를 받기만 하면 내 할 일은 끝난다.'

하지만 이래서야 그 환자를 담당한 의사라 할 수 있을까?

오랜 의학교육 과정을 통해 의사는 정상과 비정상을 엄격하게 구별하는 훈련을 받고 그 해결책을 머릿속에 욱여넣는다. 그리고 의사는 질병을 찾아내어 이를 치료할 책임이 있다는 의식을 기른다. 또한 이상 증상이 나타나면 더 큰 문제로 이어지기 전에 이를 정상으로 되돌리려고 노력하는 것을 자신의 본분으로 여긴다. 그

것이 의사다.

한편, 진단명을 명명하는 방법에서도 불확실성을 꺼리는 인간의 성향을 엿볼 수 있다. 예를 들어 손이 떨리는 증상을 '본태성 진전'이라 하는데, 여기서 '본태성'이란 원인을 알 수 없다는 뜻이다. 그렇다고 '원인을 알 수 없는 진전'이라고 적기에는 체면이 서지 않으므로 '본태성'이라는 말을 붙이는 것이다. 병명이 이렇다고 설명했을 때 '본태성이라는 게 무슨 뜻입니까?'라고 묻는 환자는 극히 드물다. 의사와 환자 모두 '본태성'이라는 말을 붙임으로써 마치 다 알았다는 듯이 넘어가는 것이다.

임종기 의료에서
의사에게 필요한 것

이러한 태도는 신체의학뿐만 아니라 정신의학에서도 마찬가지다. 정신의학을 공부한 사람들은 인간의 심리와 행동을 공부하고, 환자의 병적인 심리와 행동을 정상으로 되돌려놓는 일이 자신들이 맡은 역할이라고 자부한다.

하지만 이러한 문제해결 능력이 도움이 되지 않는 상황을 맞닥뜨릴 때면 우리는 극심한 불안을 느끼고, 그동안 쌓아 올린 발판이 무너져내리는 듯한 느낌을 받는다.

예를 들어 임종기를 맞은 환자를 눈앞에 두었을 때가 그렇다. 일본에서는 2002년부터 완화치료 진료의 진료보수 점수를 가산했고, 그 결과 임종기 환자를 치료하는 완화치료병동과 완화치료팀이 운영되기 시작했다.

완화치료팀은 신체 증상을 완화하는 의사, 정신 증상을 완화하는 정신과 의사, 종양 관련 전문 간호사로 구성된다. 2007년에는 암 대책 추진 기본계획이 책정되었고, 2009년에는 암 진료 제휴 거점병원 전체에 완화치료팀이 의무적으로 설치되었다. 그러므로 거점병원에 근무하는 정신과 의사는 임종기 환자를 진료해야만 한다.

임종기 환자라면 당연히 정신적 고통도 상당할 것이다. 그들의 마음속에 가장 뿌리 깊게 자리한 것은 암이 퍼져버린 육체의 고통이 아니라 아마도 죽음에 대한 불안일 것이다.

정신과 의사는 죽음이 다가오는 불안을 제외한 다른 모든 불안에 익숙하다. 잘 알고 있다는 뜻이다.

인파가 몰리는 곳에 가면 불안감을 느끼는 공황발작을 예로 들어보자. 공황발작이 일어나면 심장이 두근거리고 식은땀이 흐르며 손이 떨리고 목이 졸리는 듯한 느낌을 받는다. 심장이 아프고 구역질이 나기 시작한다. 증상이 더 심해지면 과호흡과 현기증이 나타난다. 또 손발이 저리고 얼굴에 핏기가 가시며 죽음의 공포에 사로잡힌다. 그러다 결국 실신하기도 한다.

이와는 다른 종류의 불안도 있다. 어릴 적부터 나타나는 고소공 포증이나 폭풍 공포증, 바다 공포증 등이 대표적이다. 이 밖에도 비행기나 개, 주사, 피, 문이 닫힌 엘리베이터를 무서워하는 경우도 적지 않다.

또 대인 관계에 관련된 불안도 있다. 낯선 사람과는 대화하지 못하거나 많은 사람들 앞에서 말을 하지 못하는 사람도 있고, 다른 사람과 눈을 마주치지 못하거나 회식 자리에 참석하는 것을 겁내는 사람도 있다.

이러한 불안에는 저마다 자세한 진단명이 붙는다. 정신과 의사는 이러한 증상에 항불안제나 항우울제 같은 향정신성 의약품을 처방하거나 인지행동치료나 모리타 요법(증상을 치료의 대상으로 보지 않고 그대로 수용하는 방법_역주)을 사용하기도 한다.

하지만 임종기 환자가 죽음을 앞두고 느끼는 불안은 그 어떤 교과서에도 실려 있지 않다. 그 이유는 죽음이 다가올 때 느끼는 불안은 인간으로서 당연히 느끼는 불안이기 때문이다. 즉 정상적인 불안이다.

정신과 의사는 비정상적인 정신 상태에 대처하는 방법은 잘 알고 있지만, 정상적인 정신 상태를 다루는 방법은 잘 알지 못한다. 정상적인 상태는 그대로 두면 되기 때문이다.

정신과 의사를 당혹하게 하는 또 다른 점이 있다. 정상적인 정신 상태라고 해도 사람마다 그 양상이 천차만별이라는 점이다. 백

명이 백 가지 상태를 나타낸다. 병적인 상태는 범위가 어느 정도 한정되어 있으므로 백 명의 환자가 있더라도 그 종류가 열 가지 정도로 나뉜다. 물론 각 사람마다 나타나는 개인차는 어느 정도 무시할 수밖에 없다.

하지만 정상적인 정신 상태를 이처럼 단순화하다 보면 전부 두루뭉술해질 수밖에 없다. 그렇다고 이런 개인차를 모두 존중하면서 정상적인 정신 상태에 대처하려 들면 그 어떤 방도도 찾을 수가 없다. 단서가 없기 때문에 매뉴얼을 만들 수가 없는 것이다.

정신과 의사의 설 자리를 위태롭게 하는 또 다른 것은 임종기 환자는 정신적 고통과 육체적 고통을 동시에 느낀다는 사실이다. 암 환자는 엄청난 고통을 느낀다. 하지만 이러한 고통 가운데 어느 것이 육체적 고통이고, 어느 것이 정신적 고통에서 유래된 것인지 명확하게 선을 긋기가 어렵다.

일반적으로 정신과 의사는 육체적인 문제를 일반 의사에게 맡기고 나머지 정신적인 문제를 도맡기 때문에 당연히 수비 범위가 한정되어 있다. 그런데 임종기 환자를 볼 때는 이런 수비 범위가 애매해지므로 마치 외야와 내야를 혼자서 커버해야 하는 처지가 되어버린다.

소극적 수용력을 갖춘
정신과 의사의 대응법

　　　　　이렇게 생각해보면 죽어가는 임종기 환자를 눈앞에 둔 정신과 의사는 기억도, 이해도, 욕망도 없는 상태에 놓인다는 것을 알 수 있다. 그야말로 비온이 지적한 대로 소극적 수용력을 발휘해야 하는 상황에 놓이는 것이다.

　이런 상황에서 정신과 의사에게는 눈앞에 닥친 상황을 어설프게 해결하려 들지 않고, 그저 흘러가는 상황을 지켜볼 수 있는 힘이 필요하다. 바꿔 말하면 갓난아기의 마음으로 죽어가는 환자를 지켜볼 수 있어야 한다. 그러면 의사와 환자 사이에 나누는 말 한마디가 천금과도 같아진다.

　사람은 그 누구도 홀로 고통을 견뎌내지 못한다. 하지만 그 고통을 곁에서 지켜보고 함께 나눠줄 누군가가 있으면 어떻게든 견뎌낼 수 있다.

　곁을 지키는 가족들이 환자의 고통을 이해해줄 것이라고 생각할지 모르지만, 의외로 그렇지 못한 경우도 많다. 가족들은 이미 사랑하는 사람이 죽어간다는 슬픔을 짊어진 상태다. 그들은 그보다 큰 고통을 겪고 싶지 않다는 마음에 환자와 일정한 거리를 두게 된다. 환자를 돌보는 것조차 힘든 가족들은 죽어가는 환자의 심경을 제대로 들어주기 힘든 경우가 많다.

환자 또한 남겨질 가족들에게 자신의 심정을 털어놓으려면 많은 용기와 기력이 필요하다. 결국 환자와 가족은 점점 서로 말을 나누지 않게 된다.

그런 점에서 환자를 담당하는 정신과 의사는 특권적인 위치에 서게 된다. 가족이 아닌 타인이라는 점이 도리어 장점으로 작용하는 것이다. 환자 입장에서 정신과 의사는 타인인 동시에 매일 혹은 하루에 두세 차례씩 병실에 들르는 사람이므로 마음을 터놓기에 안성맞춤이다.

게다가 때마다 찾아와 필요한 것은 없는지 확인하고 그것을 의료팀에게 전달하는 전령 노릇을 하는 데다 몸이 좋지 않을 때는 직접 살펴봐 주기까지 한다. 불면증에 시달릴 때는 수면유도제도 처방해준다. 이런 고마운 존재가 또 있을까? 심지어 죽어가는 자신의 마음을 조금이라도 헤아리려는 태도까지 보이므로 과거의 경험이나 사후에 대한 불안감을 털어놓을 마음이 든다.

과거의 고통스러웠던 경험을 이야기하면 '정말 잘 이겨내셨네요'라며 감탄해주고, 기뻤거나 뿌듯했던 일을 이야기하면 함께 기뻐해주고 찬사를 보내준다. 그러면 환자는 '내가 헛살지 않았구나', '최선을 다했구나' 하고 안심하게 된다.

후회가 남는 일이 있어도 '그 당시에는 그럴 수밖에 없었을 겁니다', '다른 방도가 없었을 거예요'라며 위로해준다. 그러면 환자는 '그렇죠' 하며 수긍하게 된다.

죽은 뒤에 남겨질 배우자나 자녀를 걱정할 때도 '훌륭하게 잘 자랐으니 너무 걱정하지 마세요', '아내(혹은 남편)분께서 잘 이끌어주실 겁니다'라고 격려해주며 환자의 걱정을 덜어준다.

죽는다고 해서 삶이 끝나는 것이 아니다. '당신의 삶은 자녀들을 통해 이어지거나 당신을 사랑한 사람들의 마음속에 영원히 남을 것이다. 적어도 나는 죽을 때까지 당신을 잊지 않겠다.' 이렇게 담당 의사가 진심을 다해 이야기한다면 환자도 감동의 눈물을 흘리지 않겠는가? 또 그렇게 이야기한 의사의 눈에도 아마 눈물이 맺힐 것이다.

그 순간에는 그 어떤 기법도 존재하지 않는다. 그저 의사와 환자가 인간 대 인간으로 마주할 뿐이다. 의사가 환자에게 처방할 수 있는 가장 효과적인 약은 환자의 인격을 존중하는 것이다.

'안아주기'의 효과

영국의 소아과 의사 겸 정신분석가였던 도널드 위니캇(Donald Winnicott, 1896~1971)은 '안아주기(holding)'라는 개념으로 유명하다. 그는 치료에서 중요한 점은 이미 벌어진 상황을 손대지 않고 가만히 지켜보는 것이라고 말했다.

위니캇은 정신분석치료란 무의식을 해석하는 것이 아니라 환자가 자신을 발견할 수 있도록 전문적인 장소를 제공하는 것이라고 했다. 그리고 환자를 돌본다는 것(care)은 환자의 개인적인 성장을 위한 봉사를 뜻한다고 했다. 이때 치료자는 환자의 고뇌를 함께 안아주어야 한다. 그것만으로는 부족하지 않을까 하는 불안한 눈빛으로 주위를 두리번거리지 말고, 환자의 고뇌를 함께 끌어안은 채 환자가 문제를 해결하기를 기다리는 것이다.

위니캇은 환자를 돌볼 때 치료자가 적극적으로 나서지 않는 것이 오히려 치료에 효과적이라고 생각했다.

이러한 위니캇의 생각은 비온이 말한 소극적 수용력과 유사한 부분이 있다. 학자들이 멜라니 클라인과 비온, 위니캇을 영국의 대상관계론 학파로 한데 묶어 이야기하는 것도 무리가 아니다.

위니캇이 제기한 '안아주기'라는 개념에는 매뉴얼이나 SOAP에서 결코 찾아볼 수 없는 진리가 존재한다.

사람의 병에 가장 좋은 약은 사람이다

다시 임종기 의료로 돌아가 보자.

임종기를 맞은 환자는 가족들이 늘 곁을 지키거나 자주 문병하러 온다. 2012년 6월에 발표된 암 대책 추진 기본계획을 보면 완화치료 대상에 환자뿐만 아니라 그 가족 또는 유족까지도 포함되어 있다. 하지만 가족에 대한 치료 또한 임종기 환자와 마찬가지로 정해진 매뉴얼이나 대처법이 딱히 없다.

물론 사별이 유족에게 끼치는 영향을 연구한 데이터는 이미 많이 나와 있다. 사별을 경험한 유족은 신체적인 측면에서 전반적인 사망률이나 심근경색 발생률, 뇌졸중과 폐경색 발생률, 다른 심장 질환이나 고혈압, 암 발생률이 상승한다. 정신적인 측면에서도 우울증이나 자살 충동, 고독감, 절망감이 증가한다. 또 병원 진료율이나 약 복용률은 하락하는 반면 알코올 섭취나 수면제 복용, 우울증, 자살률은 올라간다. 또한 생전에 좀 더 잘 해줬어야 한다는 후회감에 휩싸이기도 한다.

사회적인 측면에서도 남은 가족들의 사이가 나빠지거나 집 안에 틀어박히는 경향이 나타나기 쉽다.

이러한 변화는 사실 유족에게 일어날 수 있는 정상적인 반응이라 생각할 수도 있다. 그러므로 정신과 의사가 굳이 개입할 필요가 없을지도 모른다.

하지만 유족은 부끄러운 모습을 보이고 싶지 않아 하므로 친한 친구나 가족에게조차 괴로운 심정을 쉽게 털어놓지 못한다. 그런 유족 입장에서는 남인 동시에 환자에 대해 잘 알고 있는 담당 의사가 좀 더 편한 상대일 수 있다.

유족을 끝까지 괴롭히는 감정은 대부분 후회다. 내가 좀 더 해줄 수 있는 일이 없었을까? 치료를 너무 늦게 받게 한 것은 아닐까? 모르핀을 투여해달라고 부탁한 게 혹시 죽음을 앞당긴 것은 아닐까? 이런 갖가지 후회가 유족을 괴롭힌다. 아무리 최선을 다해 환자를 돌보았다고 해도 환자를 떠나보낸 뒤에는 누구나 '좀 더 잘 해줬어야 하는 건데'라는 후회가 남는 모양이다. 이건 잘못된 인식이라고밖에 표현할 방법이 없다.

그럴 때는 '그 이상 어떻게 더 잘할 수가 있겠습니까? 최선을 다하셨다는 것을 담당 의사인 제가 잘 압니다'라고 유족에게 말해주는 것만으로도 마음의 짐을 덜어줄 수 있다.

또한 유족은 '생각보다 괜찮아 보여서 다행이야', '이제 훌훌 털어버리고 열심히 살아'라는 주위의 말에 슬픔을 무리하게 감추려는 경향이 있다. 이럴 때에도 의사가 그들과 함께 슬퍼하며 그들의 이야기를 경청하고, 그들이 회복할 때까지 끈기 있게 기다려주는 것이 큰 도움이 된다.

나는 이러한 의사의 처방에 '시간약'과 '눈약'이라는 표현을 쓴다. 무슨 일이든 당장 해결되지는 않는다. 몇 주, 몇 달, 몇 년 동안 치료가 이어질 때도 있다. 하지만 시간이 지나다 보면 어떻게든 된다. 이것이 '시간약'이다.

또 다른 '눈약'은 안약을 말하는 것이 아니다. '당신이 괴로워하는 모습을 담당 의사인 내가 이 두 눈으로 똑똑히 보고 있다'라는 의미다. 앞서 말했듯이 사람은 괴로움을 홀로 견뎌내지 못한다. 하지만 자신을 지켜보는 눈이 있으면 어떻게든 견뎌낸다.

나는 예전에 『아프리카의 발굽』이라는 소설을 쓸 때 세네갈에 전해 내려오는 말을 인용한 적이 있다.

사람의 병에 가장 좋은 약은 사람이다.

그 옛날 세네갈에는 약이나 발달된 의료장비가 없었을 테니 이런 말이 나올 법도 하다. 하지만 나는 이 격언이 현대 일본에도 통용된다고 생각한다.

그리고 이 말은 근대의학에서 의사의 수련 제도를 확립한 캐나다 의사 윌리엄 오슬러(William Osler, 1849~1919)의 다음과 같은 말과도 통하는 부분이 있다.

휴머니티는 의료의 호르몬이다(Humanities are the hormones of medicine).

카운슬링과
소극적 수용력

평소 의료 현장에서 사용되는
소극적 수용력

4장에서는 소극적 수용력이 임종기 의료 현장에서 힘을 발휘하는 경우에 대해 이야기했다. 그런데 사실 소극적 수용력은 통상적인 정신과 진료에서도 효과를 발휘한다.

내가 정신과 클리닉을 개설한 지도 10년이 넘었다. 정신과 의사가 되고 처음 10년 동안은 일본과 프랑스의 대학병원과 공립병원에서 일했고, 그 후 17년 동안은 사립병원에 근무했다. 공립에서 사립으로 근무지를 옮기면서 진료 현장에서 카운슬링(신상상담)을 하는 일이 늘어났다. 클리닉을 개업하자 그런 경향은 훨씬 심해졌다.

이유는 여러 가지일 것이다. 우선 클리닉 앞에 세워 놓은 큰 간판에 '심신의 건강과 관련된 것이라면 무엇이든 상담 가능'이라고 써놓았기 때문일 것이다. 또 개업하면서 흰색 가운을 벗어버린 탓도 있다.

클리닉이 전철역 바로 옆에 위치해 있어 방문하기 편리하다는 점도 영향을 끼치는 듯하다. 전철을 탄 승객이나 역에서 기다리는 사람, 건널목을 건너는 차나 사람의 눈에 클리닉 간판이 훤히 보인다. 그렇기에 가벼운 마음으로 들러 진료를 받아볼 가능성도 있다.

마지막으로 이 또한 내 억측이지만, 클리닉 앞에 세워놓은 간판 외에는 다른 광고를 전혀 하지 않는 것도 하나의 요인이지 않을까 싶다. 전화번호부나 지면 광고, 인터넷 광고도 하지 않고 홈페이지도 없다. 그저 입소문이나 병원 앞에 놓인 간판, 블로그 게시물 등을 보고 찾아오거나 다른 의사의 소개로 오는 환자들뿐이다. 그렇다 보니 순수한 의료 목적보다는 별별 고민을 상담하러 찾아오는 경우가 많다.

얼마 전에도 "거기는 건강보험이 적용되나요?"라고 걱정스럽게 묻는 전화가 걸려왔다. 이 또한 사람들이 우리 클리닉을 마치 길거리에 널린 고민 상담소와 비슷하게 생각한다는 증거다.

그렇지만 나는 클리닉이 고민 상담소처럼 변해버린 점에 별로 위화감을 느끼지 않는다. 오히려 정신의료의 의의가 바로 이런 것이 아닐까 생각한다. 좀 더 말하자면 의료란 이러한 카운슬링 없이는 성립되지 않는다는 것이 내 생각이다.

클리닉을 개업하고 10년이 지나는 동안, 환자의 진료 차트가 4,500개가 넘었다. 1년마다 450명의 새로운 환자를 만났다는 뜻이다. 한 달에 대략 38명 정도를 본 셈이다. 그중에는 가족에 대해 상담하러 오거나 다른 의사에 대한 의견을 구하기 위해 찾아오는 사람도 있었다.

여덟 명의 환자

하루에 보는 환자의 수는 35명 정도다. 이들 환자 가운데 카운슬링에 가까운 사례 여덟 건을 골라 소개해본다.

A씨

A씨는 70대 중반으로, 원래는 지붕 잇기, 미장, 나무 가지치기도 할 수 있는 솜씨 좋은 목수였다. 하지만 약 10년 전부터 일감이 사라져 짜증과 불면 증세로 힘들어했다. 가벼운 항불안제와 수면유도제를 복용하면서 근교의 시골 마을을 돌아다니며 영업을 뛰었지만 일감을 구할 수가 없었다.

일감을 얻기는커녕 수상한 남자가 돌아다닌다는 안내 방송의 주인공이 되기도 했으며, 악덕 인테리어 업자로 오해받기도 했다. 지붕이 손상된 집의 문을 두드리며 수리를 하라고 권했더니 내 집을 무시하는 거냐며 집주인이 목검을 휘두른 적도 있다. 한 노부부가 담장 수리를 부탁했다가 '믿을 수 없다'라는 아들의 말 한마디에 전부 없던 일이 되어버린 적도 있다.

"어제도 집을 백 곳 정도 돌아다녔지만, 전부 거절당했습니다. 기름값만 자꾸 늘어나 일을 아예 그만둬버렸습니다"라며 A씨 부부는 연금만으로 간신히 생활을 유지해나갈 생각이라고 했다.

이처럼 불안정한 수입이 야기한 불안과 불면 증세에는 의사가 큰 도움을 주지 못한다. 처방하는 약도 임시방편에 불과하다. 노인 취업지원센터에 등록해보라고 조언하는 게 고작이다. 그러나 이런 곳조차도 선임자가 일을 독차지하고 있어 신입에게까지 일거리가 놀아가지 않는다고 한다. 결국 의사가 할 수 있는 일이라고는 하루하루 힘든 생활에 대한 그의 이야기를 들어주는 것뿐이다.

B씨

B씨는 50대 초반의 농가 주부로, 우울과 불면 증세를 겪고 있다. B씨는 스물다섯 살에 시집왔을 당시 농사일이라고는 하나도 몰랐다고 한다. 최선을 다해 배웠지만 무엇 하나 시어머니의 마음에 들지 않았다. 시어머니는 다리가 불편하지만 말발 하나는 뛰어나

지금도 B씨에게 일일이 지시를 내린다.

B씨는 농사일과 회사일을 겸하고 있는 남편의 도시락과 아침 식사를 준비하기 위해 새벽 다섯 시에 일어난다. 십 분이라도 늦게 내려가면 먼저 일어나 있던 시어머니가 기다렸다는 듯이 "애, 늦었잖니!"라고 나무란다. 낮에 잠시 쉬려고 2층에 올라갔다가는 나중에 한 소리 듣기 때문에 피곤한 것을 꾹 참고 1층에서 부스럭대며 뭐라도 할 수밖에 없다.

B씨는 "요즘 시어머니의 얼굴을 보기만 해도 가슴이 두근거려요"라며 눈물을 글썽였다.

그렇다고 가슴 두근거림을 멈추게 하는 약을 처방하고, 시어머니가 돌아가실 때까지 참으라고 말할 수는 없는 노릇이다. 결국 의사 입장에서는 "정말 힘들겠네요"라며 동정하는 수밖에 없다. 불면 증세를 해소하도록 수면유도제를 처방해 늦잠이라도 자게 했다가는 시어머니의 잔소리를 더욱 악화시킬 뿐이다. 뭔가 좋은 방책을 찾을 때까지는 그저 고민을 들어줄 수밖에 없다.

C씨

30대 후반의 주부 C씨는 교사인 남편이 우울증으로 여러 차례 휴직을 한데다, 초등학생 아들은 등교 거부를 하고 있는 상태다. 딸은 피아노를 배우고 싶다고 해서 학원에 보냈더니 냉큼 그만두고 서예학원도 오래 다니지 않고 있다. C씨는 가슴 두근거림과 불면 증세를 보이고 있지만, 그가 고민하는 진짜 원인은 남편과 아들 그리고 딸이다. 가족을 홀로 짊어진 채 가정을 꾸려나간 지도 1년이 넘었다. 돌파구를 찾으려고 해도 남편의 담당 의사는 그저 힘내라는 말뿐이다.

나는 우울증에 걸린 남편이 아침부터 술을 마신다는 이야기를 듣고, 우울증 환자는 술을 끊지 않는 이상 나을 수 없다고 이야기했다. 남편은 담당 의사를 바꾸고, 알코올 전문 병동이 있는 정신과 병원에 입원해 술을 끊었다. 그러자 우울증도 한결 가벼워져 다시 직장에 복귀할 수 있었다. 그 덕분에 C씨의 고민은 반으로 줄었지만 아직 등교 거부 중인 아들과 싫증을 잘 내는 딸이 남아 있다.

다행히 남편은 우울증을 극복하려고 노력하기 시작한 덕분에 C씨의 담당 의사인 나로서도 조언한 보람을 느끼고 한숨 돌렸지만, 아들과 딸 문제에 대해서는 장기적으로 지켜봐야 한다는 말밖에 할 수 없었다.

그로부터 8년이 지난 지금, C씨의 남편은 가끔씩 우울 증세로 병가를 내기는 하지만 여전히 직장에 잘 다니고 있다. 딸은 전문대를 졸업한 후 사무직으로 근무 중이므로 전혀 걱정할 것이 없다. 아들은 꼴찌에 가까운 성적으로 고등학교를 졸업했지만 다행히도 사립대학에 합격했다. 지금은 학업보다 아르바이트로 하는 계산원 일에 더 열중하고 있다.

C씨는 앞서 말한 '시간약'과 '눈약'이 효과를 본 대표적인 사례다. 어떻게든 하다 보면 어느새 문제가 어떤 식으로든 해결되는 법이다. 물론 담당 의사가 항상 곁에서 지켜보고 있어야만 가능한 일이기는 하지만 말이다.

D씨

D씨는 50대 중반의 전업주부다. 몇 년 전에 혈액암을 선고받고 감정 기복이 심해서 혹시 우울증에 걸린 것은 아닌가 하는 마음에 우리 클리닉을 찾아왔다. 요즘은 환자에게 암에 걸린 사실을 숨기지 않는 추세이므로 환자에게 암을 알리는 일은 내과 의사가 당연히 수행해야 할 업무이기는 하다. 하지만 내과 의사가 암 선고를 할 때 환자가 느끼게 될 불안과 우울까지 고려하지 않는다면 모든 암 환자의 뒤처리를 정신과 의사가 도맡게 된다. 두 명 중 한 명이 암에 걸리는 시대에 그건 불가능한 일이다.

같은 질병을 앓고 있는 사람들이 모여 있는 인터넷 모임에 들어가 보았지만, 강한 어조의 발언들뿐이라 D씨는 오히려 소극적이 되었다고 한다. 물론 내과에서 항암제를 투여받은 덕분에 아직까지는 암의 진행 속도가 더디다고 한다. 하지만 고작 몇 년밖에 살지 못하는 시한부 인생이라 한다. D씨는 나를 찾아올 때마다 일상

생활 속에서 불현듯 다가오는 죽음의 공포를 호소했다.

사실 나도 개업하고 2년 정도가 지났을 무렵, 앞서 소개한 비온처럼 급성 골수성 백혈병에 걸려 반년 동안 입퇴원을 반복하며 치료를 받았다. D씨와 같은 혈액암이었기에 D씨가 느꼈을 불안감을 누구보다 잘 이해할 수 있었다. 하지만 병의 예후는 사람마다 다르다. 그렇기에 의사가 환자에게 해줄 수 있는 최선의 방법은 면역력을 높일 수 있도록 하루하루를 밝고 활기차게 보내라며 위로하는 것뿐이다. 이러한 의사의 노력은 기도에 가깝다 할 수 있다. 다만, 이러한 기도가 형식을 갖추게 되면 기도사나 종교가와 다를 바가 없으므로 그저 마음속으로 간절히 빌 뿐이다.

E씨

E씨는 여든 살이 넘은 남성이다. 치매 증상은 전혀 없지만 폐암과 대동맥류 수술을 받은 뒤 의욕이 저하되어 어느 종합병원 내과의 소개를 받아 우리 클리닉에 찾아왔다. 이미 내과에서 항우울제를 처방받은 상태라 나는 그저 E씨의 옛날이야기를 들어주기만 하면 되었다.

시사문제에 대한 의견 등을 들어봤을 때 지적 능력의 저하를 조금도 느낄 수 없었고, 오히려 감탄할 만한 내용이 많았다.

E씨의 이야기를 듣다가 이들 부부가 지닌 가장 큰 고민은 지적

장애를 앓고 있는 둘째 아들의 앞날이라는 사실을 알게 되었다. 게다가 그 아들이 E씨가 지지하는 정당과 대립 중인 정당에 입당한 사실 또한 E씨를 우울하게 하는 요인이라는 말을 들었다.

이런 상황에 이르면 문제는 담당 의사인 내 손을 떠났다고 봐야 한다.

"부모와 자식이라 할지라도 정치적 입장이 다를 수 있습니다. 강제로 부모의 의견을 따르게 하는 것은 아들의 인권을 부정하는 것으로 이어집니다." 내가 아무리 E씨에게 이렇게 말해봤자 그저 공자님 앞에서 문자 쓰는 격이 될 것이다. 내가 할 수 있는 일이라고는 "그것 참 난처하시겠어요"라며 함께 고민해주는 것뿐이다.

F씨

F씨는 40대 초반의 전업주부로 집에서 아이들에게 피아노를 가르치고 있다. F씨의 가장 큰 고민은 남편의 알코올 의존증이다. 거의 매일 밤마다 술에 취해 돌아와 토하고 고함을 질러댄다. 남편의 귀가가 늦어지는 날에는 혹시 무슨 일이 생겼나 싶어 가슴이 벌렁거리고 늦은 밤이 되면 몸이 부들부들 떨릴 정도로 불안해진다.

낮에 아이들에게 피아노를 가르치는 동안에도 남편이 오늘 무사히 집에 돌아올지 걱정되기 시작하면 손이 떨리고 일에 집중할 수가 없어진다. 남편이 토할 때면 가끔 자신도 속이 울렁거려 위액이 넘어온다고 한다.

남편은 회사에서 실시한 건강검진에서 내과 진료가 필요하다는 결과가 나왔는데도 진료를 받지 않았다고 한다. 그런 남편에게 정신과 진료를 권한다는 것은 거의 불가능한 일이라며 F씨는 고개를 설레설레 저었다.

담당 의사인 나로서는 혹시라도 F씨의 남편이 고혈압으로 뇌출혈을 일으키거나 간경변증에 걸려 황달이 생기는 등 최악의 사태가 벌어질 것까지 예측해야 한다. 하지만 그럴 가능성까지 F씨에게 이야기했다가는 하지 않아도 될 걱정까지 얹어주는 셈이 된다.

그로부터 4년 정도가 지났을 무렵, F씨 남편의 부하 직원에게서 한밤중에 전화가 걸려왔다. 남편이 술을 마시다 갑자기 의식을 잃어 구급차를 불러 병원으로 옮겼다는 것이다. F씨는 서둘러 병원으로 달려갔다. 진단명은 급성 알코올 중독으로, 살아날 확률은 절반 정도라고 했다. 다행히도 F씨의 남편은 목숨을 건졌고 열흘 뒤에 퇴원했다. 이 일을 계기로 F씨의 남편은 술을 끊기로 했다. 직장 동료들도 더 이상 술을 권하지 않았다. 반드시 참석해야 하는 술자리에서는 무알코올 맥주를 마셨다.

이렇게 술을 끊은 지 2년이 지나자 남편은 이제 집에도 일찍 들어왔지만 F씨의 걱정은 사라지지 않았다. 남편이 또 다시 술을 입에 댈까 봐 마음이 놓이지 않는 것이다. 담당 의사인 나도 괜찮을 거라고 확신할 수는 없기 때문에 여전히 조마조마한 마음으로 지켜보는 중이다.

요즘 F씨의 남편은 술자리에서도 무알코올 맥주를 마시고, 늦은 밤에도 맑은 정신으로 집에 돌아온다.

사실 그는 도박에도 중독되어 있어 주말에는 대부분 아침부터 파친코장에 간다. 아직 빚을 내서 하지는 않는 듯해 F씨와 함께 지켜보고 있는 중이다.

G씨

G씨는 여든 살이 된 직후, 20년 동안 돌본 남편과 사별하고 눈물이 그치지 않아 클리닉을 찾아왔다. G씨의 남편은 20년 전, 퇴직하고 얼마 지나지 않아 뇌경색으로 쓰러져 누워서 지내게 되었다. 남편이 쓰러지기 전에도 G씨는 거동을 못 하고 누워서 지내던 시어머니의 수발을 10년 동안이나 들었다. 즉 G씨는 30년 동안 아픈 가족을 돌본 셈이었다.

이제는 더 이상 간호해야 할 사람이 없으니 홀가분할 거라 생각하는 사람도 있겠지만, 이는 뭘 모르는 사람의 생각이다. 아픈 남편이라도, 아니 그런 아픈 남편이었기에 남편을 간호하면서 보람을 느낀 G씨에게는 남편이 살아 있는 것 자체가 마음의 버팀목이 되었다. 그런데 남편이 세상을 떠나고 그 버팀목이 사라지자 G씨는 그저 하루하루를 눈물로 보내게 된 것이다.

이런 경우에 담당 의사인 내가 할 수 있는 일이라고는 "참으로 유감입니다"라며 동정하는 것밖에 없다. 그리고 G씨가 식욕을 잃어 체중이 많이 감소한 상태라 식욕증진제를 조금 처방했을 뿐이다. G씨는 한 달에 한 번 찾아와 근황을 보고해주었다. 노인회나 절에서 열리는 행사에 열심히 참석하고 사람들 앞에서는 태연한 척했지만, 집에 돌아가 홀로 방안의 불단에 놓인 남편 사진을 볼 때면 여전히 눈물이 뚝뚝 떨어진다.

5년이 지난 지금도 새벽마다 불경을 외우며 남편의 사진을 바라보면 눈물이 난다. 하지만 더 이상 사람들 앞에서는 울지 않는다.

"선생님, 이러는 게 병일까요?"

G씨가 물었지만 이는 정상적인 반응이다. 나는 그런 G씨에게 상을 당한 아픔을 치유하는 데 걸리는 시간은 사람마다 다르다고 대답했다.

G씨는 아직 아픔을 다 이겨내지는 못했지만 절에서 임원을 맡고 있어 한 달에 두세 번 절에 가서 모임을 준비한다. 마을 노인회 활동에도 적극적으로 참여하고 아쿠아로빅을 하며 체력을 기르고 있다.

나는 나보다 나이가 많은 환자를 마주할 때면 노인이 된 미래의 내 모습을 미리 엿보는 듯한 착각에 사로잡힌다. G씨는 아직도 남편의 사진을 보며 눈물을 흘리지만, 그렇게 나이 들어가는 것도 나쁘지 않겠다는 생각이 든다.

H씨

40대 중반의 전업주부인 H씨는 어느 날 남편의 휴대전화를 몰래 훔쳐보았다가 남편이 어떤 여성과 문자를 자주 주고받는 것을 발견했다. 더군다나 문자의 내용이 몰래 만날 약속을 하거나 만나고 돌아온 후에 나눈 대화들이어서 남편이 바람을 피우고 있다는 것을 확실히 알 수 있었다. 문자에서 남편이 그 여성과 몰래 만난 날짜를 따져보니 남편이 출장을 간다며 외박한 날이었다.

작정하고 남편을 추궁하자 남편은 그저 만나서 고민 상담을 해준 것뿐이며, 결코 수상한 짓을 하지 않았다고 바람을 피운 사실을 완강히 부인했다. H씨는 그 후로 밥도 제대로 먹지 못하고 밤마다 잠들지 못하는 데다 남편과 대화조차 나누고 싶은 마음이 들지 않아 클리닉을 찾아왔다.

이혼하려고 해도 자녀들이 아직 초등학생과 중학생인 데다 전업주부라 당장 생활을 꾸려나갈 경제적 능력이 없다며 H씨는 눈물을 글썽였다. 남편이 바람을 피운 증거가 워낙 확실하기 때문에 그런 H씨에게 차마 남편의 말을 믿어보라는 말은 할 수가 없다. 남자들은 원래 다 그렇다고 말하는 것도 무책임하다. 그렇다고 냉정하게 그냥 견디라고 할 수도 없다.

나는 "많이 힘드시겠어요. 하지만 적어도 잠은 푹 자는 것이 좋아요"라며 H씨를 위로하고, 소량의 수면유도제를 처방했다. 하지만 이는 당연히 근본적인 해결책이 될 수 없다. H씨가 어떤 식으로든 결론을 내릴 때까지는 그저 "많이 힘드시겠어요"라며 동정하는 수밖에 없다.

카운슬링에 필요한
소극적 수용력

　　이처럼 신상상담 중에는 해결 방법을 도저히 찾을 수 없거나 손 쓸 방도가 없는 고민이 많다. 담당 의사인 나는 그런 상황에서 일을 바로 매듭짓지 않고 그런 불확실한 상황을 가만히 지켜보는 수밖에 없다. 그런 상황을 견딜 때면, 지금 이렇게 견디는 능력이 바로 소극적 수용력이라며 나 자신을 다독인다. 그러면 조금 더 힘이 난다.

　소극적 수용력이라는 개념을 모르는 상태에서 이런 환자를 만났다면 나는 아마 한참 전에 도망갔을 것이다. 내가 어떻게 해결해줄 수 없는 문제이므로 나를 찾아와도 소용이 없다며 환자를 돌려보냈을지도 모른다.

　나는 소극적 수용력이라는 개념을 발견한 키츠와 그 개념을 재발견한 비온 그리고 소극적 수용력에 대한 논문을 써서 나에게 이 개념을 알려준 미국의 의사에게 진심으로 감사한다.

　이렇게 불확실한 상황을 견딜 때면 정신과 의사로서 내가 지닌 기억, 이해, 욕망이 모두 사라져버리는 듯한 기분이 든다. 내게 남겨진 것은 눈앞에 보이는 환자뿐이다. 저마다 다른 개성을 지녔으며, 환자를 둘러싼 환경 또한 저마다 다르다. 그런 사람들이 병원에 찾아와서 하는 말을 나는 매번 깊이 음미할 뿐이다.

그런 게 무슨 치료냐며 비난하는 사람도 있을 수 있다.

하지만 앞에서 이야기한 것처럼 사람은 아무도 보지 않는 곳에서 혼자 괴로워하는 것을 고통스럽게 여긴다. 그런데 누군가가 자신의 괴로움을 곁에서 함께 지켜보고 자신의 심정을 알아주면 의외로 그러한 고통도 견뎌낼 수 있다. 환자도 마찬가지다. 자신의 괴로움을 알아주는 담당 의사가 있으면 환자는 어떻게든 그 고통을 견딜 수 있다.

나는 '고쿠라(小倉) 금요 모임'이라는 정신과 의사들의 스터디 모임에 25년 넘게 참석하고 있다. 매달 넷째 주 금요일에 고쿠라에 모여 환자의 사례를 차례대로 발표하고, 토의한다. 또 15년 전부터는 1년에 한 번 해외의 정신과 시설을 방문해 견문을 넓히고 있다. 참고로 2015년에는 프랑스의 가톨릭 성지인 루르드에 있는 '기적의 치유'를 검증하는 의학검증소와 환자 수용 병원을 방문했다.

소극적 수용력과 관련해 인상 깊었던 곳은 2005년에 방문한 인도네시아의 정신과 병원이다. 대학병원 정신과임에도 정신과 의사와 간호사도 많지 않고 약도 거의 쓰지 않는 곳이었다. 어안이

벙벙해진 나는 견학을 마치고 의견을 나누는 자리에서 과연 이것만으로 환자를 낫게 할 수 있냐고 물었다.

그러자 쉰 살 정도 되어 보이는 정신과 교수는 "환자를 낫게 할수는 없을지도 모르지만, 트리트먼트(treatment)는 가능하다"라고 대답했다. 그 말을 들은 나는 눈이 번쩍 떠지는 기분이 들었다. 의대생 시절부터 트리트먼트라는 말을 얼마나 많이 듣고 입에 올렸는지 모른다. 트리트먼트는 '치료'라는 뜻으로, 바꿔 말하면 병을 '낫게 하는 행위'를 가리킨다.

하지만 그때 교수가 말한 '트리트먼트'는 마치 미용실에서 사용하는 트리트먼트를 지칭하는 것처럼 들렸다. 나는 속으로 '그래' 하고 이해하게 되었다. 미용실에 간다고 해서 손상된 모발을 완전히 낫게 할 수는 없다. 미용실에서는 이미 손상된 머리카락을 관리하고 더 이상 상하지 않도록 해줄 뿐이다.

이처럼 나도 내가 해결해줄 수 없는 고민을 가진 환자가 찾아왔을 때, 치료가 아닌 트리트먼트를 해주면 된다. 상처 입은 마음을 조금 관리해주면 되는 것이다. 언젠가 환자에게 희망의 빛이 비추기를 바라며, 부디 환자가 '꺾이지 않도록' 곁에서 끊임없이 말을 걸어주면 된다.

그 후로 소극적 수용력과 트리트먼트는 내 치료의 양축을 이루게 되었다.

6장

희망을 좋아하는 뇌와
전통 치료사

밝은 미래를 희망하는
능력

세상에는 온갖 안 좋은 일이 일어난다. 불과 얼마 전에도 우리 클리닉이 있는 후쿠오카현 나카마시에서 단수 소동이 벌어졌다. 60여 년 만의 한파로 인해 각지의 수도관이 파열되어 저수지와 대형 탱크가 텅 비어버린 것이다. 나카마시에는 최근 들어 빈집이 급증했는데, 그런 집일수록 수도관이 쉽게 파열되고 관리하는 사람도 없어 문제가 생겼다. 결국 시청 직원이 빈집을 일일이 돌아다니며 점검하고 수리를 마친 후에야 급수가 재개되었다. 가장 문제가 컸던 지역은 이틀 동안이나 단수가 되었다. 다행히 우리 클리닉은 하루 만에 다시 물이 나왔다.

또 한 달 전에는 나카마 시내에서 여든 살이 넘은 남성이 살해당한 사건으로 온 동네가 시끄러웠다. 2주 뒤에 인근에 살던 피해자의 지인이 범인으로 밝혀지면서 사건은 일단락되었다.

하지만 사건이 마무리되자 나도 시민들도 이 사건들을 의외로 쉽게 잊어버렸다. 누구도 내년에 다시 한파가 몰려와 단수되지는 않을까 하고 지금부터 걱정하지 않는다. 오히려 대부분 이런 대대적인 단수 소동은 앞으로 50~60년 후에나 일어날 것이라며 당분간은 안심이라고 생각한다. 이번에 일어난 살인 사건도 어쩌다 우연히 우리 동네에서 벌어진 보기 드문 사건이라 여긴다. 이번 일로 이 일대의 치안을 우려해 이사를 고려하는 사람도 없다. 약 10년 전쯤에 나카마시에서 폭력단이 얽힌 살인사건이 일어났음에도 말이다.

3장에서 뭐든지 알고자 하는 뇌에 대해 언급했다. 무언가를 이해하려면 의미를 부여해야 한다. 인간은 의미를 알지 못하면 초조함을 느낀다. 그러므로 인간은 이해할 수 없는 일을 맞닥뜨리면 어떻게든 의미를 부여하려고 한다. 의미를 부여할 때 인간은 희망을 부가하려는 경향이 있다. 중립이 아닌, 좀 더 희망적인 관측에 의미를 부여하는 것이다. 단수 소동을 예로 들자면, 그 일은 60년에 한 번 일어날까 말까 한 사건이므로 향후 60년 동안은 별 문제가 없을 것이라고 의미를 부여한다. 또 살인 사건을 생각할 때도 설마 자신이 피해자가 되는 일은 없을 거라고 희망적인 의미를 부여한다.

이처럼 우리 인간의 뇌는 원래 모든 일을 긍정적으로 생각하도록 되어 있다.

미국에서 실시한 재미있는 조사결과가 있다.

'당신은 백 살 넘게 살 것 같은가?'라는 질문에 응답자의 10%가 '그렇다'라고 대답했다고 한다. 실제로 사람이 백 살까지 살 확률은 불과 0.02%인데 말이다.

또 '당신의 운전기술은 평균 이상이라고 생각하는가?'라는 질문에는 무려 93%의 사람이 '그렇다'라고 대답했다고 한다. 사실 계산상으로는 평균 이상이라 대답하는 사람이 50%, 평균 이하라고 대답하는 사람이 50%이어야 하지만, 실제로는 그렇지 않다.

이처럼 인간의 뇌는 눈앞에 닥친 일을 낙관적으로 보도록 만들어져 있다고 생각할 수밖에 없다. 이는 인간이 수십만 년 동안 생존해온 과정에서 뇌가 그런 방향으로 진화한 것으로 보인다. 생존을 위해서는 비관적이기보다는 긍정적으로 생각하는 편이 유리하기 때문이다. 미국의 한 경제학자가 조사한 바에 따르면 낙관적인 사람이 비관적인 사람보다 더 오래 일하고, 더 많은 수입을 올린다고 한다. 또 이혼율은 둘 다 비슷하지만 낙관적인 사람이 비관적인 사람보다 더 많이 재혼한다고 한다.

낙관적인 희망의
의학적 효용

이처럼 낙관적인 희망의 효용은 의학적으로도 증명되어 있다. 심장질환에 걸린 환자 중에서도 낙관적인 사람이 더 많은 양의 비타민을 섭취하고, 저지방 식단을 유지하며, 운동도 열심히 해서 심근경색 발생률이 낮다.

60세 이상의 암 환자를 낙관적인 그룹과 비관적인 그룹으로 나누고, 그중에서 연령이나 병의 진행 정도가 비슷한 사람을 묶어 8개월 후의 예후를 비교해본 결과, 비관적인 사람의 사망률이 더 높게 나타났다.

한편, 우리 인간의 뇌가 단순히 과거의 경험을 저장하는 것에 그치지 않고 미래에 따라서 끊임없이 재형성되고 있다는 사실이 최근 연구를 통해 밝혀졌다.

2001년 9월 11일 뉴욕에서 발생한 테러로 세계무역센터 건물이 붕괴된 참사와 관련해 기억에 대한 조사가 실시되었다. 연구진은 사고 직후의 기억과 11개월 후의 기억을 비교하는 조사를 실시했는데 기억의 정확도가 63%로 떨어져 있었다. 특히 쌍둥이 빌딩으로 돌진한 비행기가 어느 항공사의 것이었는지 대부분의 사람들이 기억하지 못했다.

이러한 연구결과를 바탕으로 인간의 기억장치는 과거의 기억을 그대로 저장하는 것이 아니라, 미래를 전망하는 정도에 따라 일정 부분은 지우고, 거기에 다른 기억을 새롭게 삽입한다는 가설이 세워졌다.

이러한 가설을 검증하기 위해 뇌 영상 기술을 활용해 뇌 활성도를 조사했다. 검사 결과, 일상생활에서도 과거의 사건을 떠올릴 때보다 미래에 일어날 밝고 즐거운 일을 상상할 때 뇌 활성도가 훨씬 증가하는 것을 알 수 있었다.

즉 인간은 당사자가 상상할 수 있는 밝은 미래를 상상함으로써 고난을 이겨내고 생존해온 것이라 볼 수 있다. 사람은 누구나 죽는다는 것을 우리 모두 알고 있다. 하지만 그 사실이 우리 인간을 절망의 구렁텅이에 빠뜨리지는 않는다. 가끔 죽음을 상상할 때가 있기는 하지만, 그보다는 밝은 미래를 상상하며 열심히 살아가는 것이다.

뇌의 어느 기관이 이처럼 밝은 미래를 상상하는 일에 관여하는지는 거의 대부분 밝혀진 상태다. 그중 일부를 담당하는 것이 기억을 저장하는 해마다. 해마가 손상되면 인간은 더 이상 기억을 떠올리지 못할 뿐만 아니라 미래를 상상할 수도 없게 된다.

미래를 받아들이는 기억 장치 때문에 인간은 부정적인 것보다 긍정적인 것을 더 잘 떠올린다. 혹시 병에 걸리지는 않을까 하고 걱정될 때도 인간의 뇌는 곧 그 병을 예방할 수 있는 방법을 떠올린다.

이런 밝은 미래를 상상하는 능력에는 전전두피질과 피질 아래에 있는 신경 연결망도 관여한다.

우리는 미래를 예상할 때, 사념 속에서 미래로 시간여행을 떠난다. 이는 인류가 얻은 매우 특별한 능력으로, 인간의 전전두피질이 다른 동물보다 유난히 큰 것도 이 때문이다. 인간은 이 능력을 이용해 수많은 고난을 이겨내며 진화해왔다. 인간은 이처럼 상상 속 시간여행을 떠남으로써 미래를 설계하고 그에 따른 보수를 기대하게 되었다. 이런 과정이 없다면 인간은 건강을 유지하기 위해 열심히 노력하지도 않을 테고, 다음 세대의 운명 따위에는 관심조차 보이지 않을 것이다.

하지만 미래로 시간여행을 떠나는 능력이 무분별하게 쓰이는 것은 아니다. 타지에서 혼자 일하다 가족의 곁으로 돌아가는 아버지라면 자신이 타고 있는 열차가 도중에 전복되어 많은 사망자가 발생하는 상상보다는 집에서 자신을 기다리고 있을 가족들의 모습을 먼저 떠올릴 것이다.

이러한 시간여행이 장밋빛 미래를 향해 달려갈 수 있게 하는 역할은 피질 아래에 있는 세 기관이 담당한다.

피험자를 두 그룹으로 나누고, 기능적 자기공명영상(fMRI)을 이용해 뇌 활동을 조사한 실험이 있다. 한쪽 그룹에게는 연인과 데이트하는 장면이나 복권에 당첨되어 감격하는 순간을 떠올리게 하고, 다른 그룹에게는 지갑을 잃어버리거나 연인과 헤어지는 장면을 상상하게 했다.

그러자 데이트나 복권을 떠올린 그룹에서 뇌의 활동이 확연히 증가한 기관이 두 군데 나타났다. 하나는 편도체로, 정동(情動. 분노·두려움·기쁨·슬픔 등의 감정과 의식 상태가 급격히 변화하는 것)을 제어하는 작은 기관이었다. 또 다른 하나는 전대상피질로, 정동과 동기 부여를 제어하는 조직이었다. 낙관적인 사람일수록 이 두 기관의 연결이 강하게 나타났으며, 우울증에 걸린 사람은 이 두 기관의 작용이 비정상적으로 저하되어 있었다.

우울증에 걸리면 무슨 일이든지 비관적으로 생각하게 된다. 돈이 많은 데도 스스로 가난하다고 생각하고 판단이 흐려진다. 또 건강에 아무런 이상이 없음에도 건강에 문제가 생긴 것은 아닌지 불안해한다. 또 자신을 별 볼 일 없는 인간이라 여기고, 이 병은 절대로 낫지 않으며, 자신의 앞날은 어둡기만 하다고 믿어버린다. 그러다 결국 주위에 폐를 끼치느니 차라리 죽어버리는 편이 낫다고 생각하면서 자살하게 된다. 뇌의 기능과 사고에 어두운 장막이 드리워지는 것이다.

낙관적인 사고를 담당하는 세 번째 기관은 선조체의 일부인 미상핵이다. 미상핵은 뇌 전체에 뭔가 좋은 일이 기다리고 있다고 알린다. 그리고 기대했던 보수가 실제로 들어오면 그 사실을 뇌 전체에 인식시킨다. 그러면 또 다른 보수를 기대하는 긍정적인 자세가 더욱 강해진다.

이러한 뇌 구조를 가졌기에 인간의 뇌는 낙관적인 전망을 기대하게 하는 정보를 더 강하게 인식하는 반면 비관적인 정보는 그냥 지나치게 된다. 이처럼 인간의 뇌가 절망보다 희망을 기대하도록 만들어져 있기에 인간의 생존율이 높아진 것이 아닐까?

하지만 희망을 찾는 뇌의 기능이 도를 넘다 못해 망상의 영역으로까지 들어가버리는 정신장애가 있다. 바로 도박장애다.

클리닉을 개업한 지 12년째인 지금, 우리 클리닉에서 처음 치료를 받은 도박장애 환자만도 700명에 달한다. 또 환자가 아닌 가족의 상담도 160건을 넘어섰다.

도박장애의 본질은 '같은 행위를 반복하면서 다른 결과를 기대하는 것'이다. 파친코장의 슬롯머신을 예로 들어 보자. 그곳에서 사람들이 하는 행위는 슬롯머신의 레버를 당기는 일이다. 레버를 머리로 누르든 발가락으로 누르든 별 차이가 없다. 아침부터 파친코장에 가서 하루 종일 파친코를 해도 결국 레버를 당긴다는 행위 자체는 변하지 않는다. 그동안은 많은 돈을 걸지 못했다며 빚을 내 200만 원이든 1,000만 원이든 준비해봤자 결국 하는 일은 레버를 당기는 것뿐이다.

그런데도 도박에 중독된 사람은 '이번에는 틀림없이 딸 거야', '이번에는 이길 수 있을 것 같아'라고 생각한다. 슬롯머신을 수십 년 동안 하면서 수천만 원을 잃은 것을 보면 앞으로 아무리 애를 써도 장기적인 관점에서는 결국 돈을 잃을 것이 분명한데도 그만

두지 못한다.

　게다가 도박에 중독된 사람은 '도박으로 생긴 빚은 도박으로 갚아야만 한다'라는 망상에 빠져 있다. 도박 빚은 결국 도박에 졌다는 증거다. 세상이 뒤집힌다 해도 도박으로 그 빚을 갚을 수 있을 리가 없다.

　이러한 도박 중독자의 뇌 활동을 뇌 영상 검사로 살펴보자 '승리와 패배에 모두 둔감해져 있다'라는 결과가 나왔다. 이는 실제 임상 양상과도 일치한다. 경마를 예로 들면, 100만 원을 따도 아무런 기쁨이나 흥분을 느끼지 못하고, 1,000만 원을 잃어도 충격을 받지 않고 무덤덤한 것과 같다. 결국 도박 중독자는 점차 승률이 낮은 승부에 빠져들게 된다. 승률이 높은 말에는 돈을 걸지 않는다. 승률이 낮은 말에 돈을 걸기 때문에 당연히 질 확률도 높다.

　이는 도박 중독자 뇌의 보수체계가 도박으로 손상되었기 때문이다. 이렇게 손상된 뇌의 기능을 회복시키려면 당연히 많은 노력과 시간이 필요하다.

천재 작가를 키운
따뜻한 공감과 이해

　중증 장애를 지닌 사람을 만나면 흔히 '만약 내가 저

런 상태가 되었다면 아마 견디지 못했을 거야' 하는 생각을 갖기 쉽다. 하지만 중증 장애 환자를 매일 마주하는 의사는 오히려 인간이란 그 어떤 상황에서도 희망을 잃지 않는 법이라는 사실을 종종 깨닫는다. 그리고 그런 환자들을 오랫동안 지켜보면서 타인을 돌보는 기쁨 또한 느끼게 된다.

2016년 7월, 사가미하라시에서 장애인 시설의 전 직원이었던 남성이 중증 장애인 19명을 살해하는 사건이 발생해 사람들을 경악하게 했다. 만약 그 남성이 진심을 다해 진지한 태도로 장애인을 계속 돌보았다면 언젠가는 타인을 돌보는 기쁨을 깨달았을 것이다.

하지만 그러려면 공감 능력과 소극적 수용력이 필요하다. 그 두 가지 능력이 결여되는 순간, 중증 장애인을 돌보는 건 시간낭비라고 속단하게 된다.

사실 우리는 건강한 몸으로 사는 세월보다 병과 장애를 안고 사는 세월이 더 길다. 하지만 희망을 좋아하는 뇌 때문에 우리는 그러한 사실조차 쉽게 잊어버린다.

세상에는 목 아래쪽이 전부 마비되어 거동이 불가능한데도 붓을 입에 물고 그림을 그리며 보통 사람들보다 인생을 훨씬 의미 있게 보내는 사람도 있다. 그런 사람은 몸을 움직이지 못하는데도 살아 있어서 다행이라며 하루하루를 감사하게 보낸다. 그런 마음이기에 사지가 멀쩡한 사람보다도 오히려 더 희망찬 나날을 보내고 있는지도 모른다.

일본의 방랑 화가 야마시타 기요시(1922~1971)가 그 대표적인 예다. 그는 정신의학적으로 봤을 때 지적 장애와 자폐 스펙트럼 장애, 서번트 증후군을 앓고 있었다. 자폐 스펙트럼 장애가 있는 사람은 타인과의 협동성이나 커뮤니케이션 능력이 떨어지고 서번트 증후군인 사람은 천재적인 기억력을 가진다.

1940년에 방랑을 시작한 그는 3년 뒤에 아무렇지 않은 얼굴로 지적 장애아 시설인 야와타가쿠엔에 돌아왔다. 그가 하리에(종이를 잘게 찢어 붙여 만드는 미술 기법_역주)를 배운 것도 이 무렵이었다. 그 후로도 그는 종종 방랑을 떠났다. 제2차 세계대전이 끝난 후, 정신병원에 두 차례 입원했으나 그때마다 병원을 나와 시설로 돌아갔다. 1951년부터 그는 본격적인 방랑에 나섰다. 도호쿠 지역부터 규슈까지 구석구석을 돌아다녔고, 가고시마도 세 차례나 방문했다. 그가 방랑을 끝낸 것이 1954년 1월이므로, 3년 동안 방랑 생활을 이어나간 셈이다.

야마시타 기요시는 시설로 돌아간 후 방랑하면서 본 풍경을 하리에로 제작했다. 놀라운 기억력으로 자신이 본 풍경을 그대로 재현한 것이다. 그는 색종이를 2~3밀리미터 크기로 잘게 찢은 후 모서리부터 하나씩 채워나갔다. 그의 작품은 전문 화가들조차 경의를 표하는 예술작품이 되었다.

이러한 그의 재능을 꽃피우게 한 것은 '밟지 말고 물을 주어 키위내자'라는 야와타가쿠엔의 이념과 주위의 따뜻한 이해였다.

　애석하게도 그는 마흔아홉의 나이에 갑작스럽게 세상을 떠나고 말았지만, 나는 그를 키운 것이 주위 사람들의 공감과 소극적 수용력이 아니었을까 생각한다. 그런 환경이었기에 장애를 지닌 그의 뇌가 희망을 품고 세상에 귀한 작품을 남긴 것이 아닐까?

소극적 수용력을 지닌
전통 치료사

　　　　희망을 좋아하는 뇌를 최대한 이용해 소극적 수용력을 발휘한 존재가 있는데, 그는 바로 전통 치료사인 메디신맨(Medicineman)이다.

　내가 정신과 의사가 된 지 얼마 되지 않았을 때에는 기도사나 점술가 같은 전통 치료사, 이른바 메디신맨을 싫어했다. 「메디신맨」이라는 제목의 단편소설을 썼을 정도였으니 말이다(『가자하나 병동』에 수록). 비과학적인 치료로 환자를 속이는 사기꾼이라 생각했기 때문이었다.

　메디신맨이 사용한 치료법은 크게 두 가지로 나눌 수 있다. 하나는 점술이다. 색을 입힌 상아 조각 여러 개를 던져 그것을 해석하여 의뢰인이 선택해야 할 길을 알려주는 방법이다. 또 다른 방법은 악마를 쫓거나 병마를 퇴치하는 것이다. 병에 걸린 사람의 몸에 끈끈한 액을 바르고 주문을 외우며 마르기를 기다렸다가 벗겨내면 병의 근원도 함께 털어낼 수 있다고 한다. 또는 환자를 오두막에 눕히고, 그 안에 연기가 가득 차도록 마른풀을 태워 몸 안에 든 병마를 쫓아내기도 한다.

도저히 손쓸 방도가 없는 난치병에 걸린 환자의 경우, 가족과 친척, 친구들을 모두 불러 모은 다음 멀리 있는 산의 정상에 병을 낫게 하는 약초가 있다며 이를 따오게 한다.

이런 수상쩍은 치료법을 처음 들었을 때, 나는 실소를 금할 수 없었다. 그런데 정신과 의사가 된 지 10년이 지났을 무렵, 영국의 비교정신의학자 줄리언 레프(Julian Leff)의 저서 『지구를 둘러싼 정신의학 *Psychiatry Around the Globe*』을 번역할 기회가 생겼는데 그 책에는 다음과 같은 구절이 있었다.

> 정신치료사는 의학 교육을 받은 사람이든 그렇지 않은 사람이든 모두 전통 점술사의 직접적인 계승자라고 볼 수 있다. 현대 정신의학이 거둔 승리는 오직 약리의 영역에 국한되며, 사회적 처우 면에서는 여전히 부족한 점이 있다. 오히려 이 분야에 뛰어난 것은 전통 치료사다.

즉 현대의 정신과 의사는 약의 효능에 대해서는 누구보다 잘 알고 있지만 환자를 대하는 법은 메디신맨보다 서툴다는 뜻이다.

그 말에 눈이 번쩍 뜨이는 듯했다. 지금까지와 전혀 다른 관점에서 메디신맨이 사용하는 기법을 바라보자 현대의 여러 정신치료에 공통적으로 적용되는 치료자의 기본 태도가 보이기 시작했다.

환자의 가족이나 친구에게 먼 산에 자라는 약초를 따오게 하는 방법에서 중요한 것은 약초가 지닌 효과가 아니다. 가족이나 지인이 환자를 위해 위험을 무릅쓰고 길을 떠나 약초를 따오려면 열흘 혹은 스무날이 걸린다. 아니 어쩌면 한두 달이 걸릴지도 모른다. 그 기간 동안 환자는 희망을 버리지 않고 약초가 오기만을 손꼽아 기다리게 된다.

기대가 크면 설령 약초의 효과가 그리 크지 않다고 해도 마치 큰 효과를 본 것 같은 기분이 들어 일시적으로나마 기운을 차릴 가능성도 있다. 또 운이 좋다면 기다리는 동안 큰 고비를 넘겨 병세가 나아질 수도 있다.

또 만약 결과가 좋지 못하더라도 환자는 자신을 위해 애써준 가족과 친지들에게 고마워하며 죽음을 맞을 것이다. 주변 사람들도 최선을 다했기에 슬프기는 하지만 후회는 남지 않을 것이다. 모두에게 두루두루 좋은 일이 될 것이다.

앞에서도 이야기했지만, 이런 원초적인 치료에는 적어도 두 가지 요소가 작용한다.

첫 번째는 '시간약'이다. 어떤 병이든 어느 정도 시간이 지나야만 차도를 보인다. 단숨에 병을 낫게 하는 것은 루르드의 기적 정도일 것이다.

특히 생물이 자신의 몸에 내재된 자연치유력에 의지해야 하는 경우에는 몇 날 며칠이나 몇 달, 또는 1년이 넘는 시간이 필요하다. 메디신맨은 환자의 가족과 친지를 먼 산으로 보내 시간을 벌기도 한다. 그렇게 되면 환자가 약초가 도착하기를 기다리며 기운을 차리면서 병세가 호전될 가능성도 있다. 메디신맨은 그 늘어날지도 모르는 불확실한 미래의 시간을 걸고 치료를 하는 것이다. 이것이야말로 소극적 수용력이 힘을 발휘할 수 있는 대표적인 사례가 아닐까?

두 번째 요소는 '눈약'이다. 메디신맨은 고통스러워하는 환자에게서 한시도 눈을 떼지 않는다. 사람은 홀로 남겨지면 고통을 끝까지 견뎌내지 못한다. 곁에서 자신을 지켜보고 자신이 겪는 고통을 이해해주는 사람이 있다는 사실을 알게 되면 환자는 좀 더 힘을 낼 수 있다.

메디신맨이 환자에게 건네는 부적이나 지전, 그리고 환자의 가족에게 집의 네 모서리에 놓게 하는 모래나 그림카드 등도 눈약의 대용품이 된다. 이러한 물건을 곁에 두면 환자와 가족 모두 메디신맨이 늘 곁에서 지켜봐준다고 안심할 것이다. 이 또한 소극적 수용력이 발휘되는 예라 할 수 있다.

정신치료사는
메디신맨의 후계자

　　사실 나는 12년 전에 클리닉을 개업하는 과정에서 기도사를 불러 액을 막는 제를 지냈다. 고신도(古神道)를 믿는 그 기도사는 휴대전화 점포가 있던 자리에 클리닉을 세웠으니 액을 막는 제를 올리는 것은 정말 잘한 선택이라고 말했다.

　기도사는 문과 창문을 모두 열고 향을 피우고 축사를 올린 뒤, 실내 곳곳을 술과 소금으로 정화하고, 직원들과 내 머리 위에 신장대를 흔들어 액을 쫓았다. 그리고 한 사람 한 사람에게 주문을 읊어주고 경전으로 등을 두드린 다음 몸을 흔들며 활력을 불어넣었다. 기도사는 마지막으로 현관 입구의 위쪽에는 벼이삭과 물을, 아래쪽에는 만년청 화분을, 그리고 대기실 한쪽 구석에는 소금을 두라 명하고 돌아갔다.

　이날 올린 제에 직원들도 좋은 반응을 보였고, 나 역시 몸과 마음이 맑게 정화되는 기분이 들어 그 후로 해마다 개업기념일을 전후하여 제를 지내고 있다. 지금도 직원이 자주 현관 입구에 둔 컵의 물을 갈아주고 있고, 벼이삭과 소금은 1년에 한 번 새것으로 교체하고 있다. 그리고 만년청도 여전히 건강하게 짙은 녹색 잎을 매달고 있다.

정신치료사는 의학 교육을 받은 사람이든 그렇지 않은 사람이든 모두
전통 점술사의 직접적인 계승자라고 볼 수 있다.

앞서 소개한 줄리언 레프의 말을 떠올렸다. 아무것도 할 수 없을 것만 같은 상황에서도 뭐라도 하고 있으면 어떻게든 된다. 아무것도 하지 않더라도 그 상황을 견뎌내기만 하면 어떻게든 된다.

도망치지 않고, 그 자리에 남아 끝까지 지켜보는 것(stay and watch). 이는 그야말로 소극적 수용력과 빼닮은 정신이다.

어떻게 될지 알 수 없는 불확실한 상황이 닥쳐도 그 상황을 끝까지 견뎌내면 언젠가는 상황이 좋게 변할 것이다. 우리 인간의 뇌에는 뭐든지 희망적인 방향으로 생각하려는 편견이 자리하고 있기 때문이다.

희망을 좋아하는 뇌와
플라세보 효과

이처럼 희망을 좋아하는 뇌가 심신에 큰 치유력을 발휘한다는 사실은 플라세보 효과로도 잘 알려져 있다.

앞서 말한 것처럼 인간의 뇌는 마치 물에 빠진 사람이 지푸라기라도 잡는 것처럼 도무지 이해할 수 없는 상황을 맞닥뜨렸을 때

어떻게든 거기에 의미를 부여하고 이를 희망적인 방향으로 해석하려는 경향이 있다.

이러한 경향이 있기 때문에 모든 일은 어떻게든 해나가면 어떻게든 되기 마련이다. 그러므로 굳이 성급하게 흑인지 백인지 결론 내릴 필요가 없다. 어스레한 황혼 같은 회색 상태를 지켜보다 보면 언젠가 동쪽 하늘이 밝아지는 것을 깨닫게 된다. 해가 뜨지 않는 날은 없다.

정신과 클리닉의 카운슬링이나 메디신맨의 치료 방법에도 방금 말한 것이 전제로 깔려 있다. 치료자는 한결같이 날이 밝아오기를 기다리며 소극적 수용력을 유지하기만 하면 된다. 도저히 어떻게 할 수 없는 상황을 소극적 수용력의 힘으로 견뎌내는 동안 상황은 호전될 것이다. 이것의 가장 명백한 예가 이제부터 설명할 플라세보 효과다.

플라세보(placebo. 가짜 약; 위약)는 원래 라틴어로 '내가 즐거워지겠다'라는 뜻이다. 플라세보 효과란 원래 아무 효과가 없는 물질을 투입하거나 처치를 했을 때 신체가 마치 효과가 있는 것처럼 반응하는 사실을 가리킨다.

앞서 소개한 메디신맨의 약초도 크게 보면 이러한 플라세보 효과를 노린 것으로 생각할 수 있다. 먼 산의 정상에서만 자라는 약초로 만든 약은 매우 귀한 것이니 효과가 없을 리가 없다. 그렇게 생각하고 약을 먹은 환자는 병이 반드시 나을 것이라는 생각을 하게 되고, 실제로 병세가 호전되는 것을 느끼기도 한다. 그런 효과가 영원히 지속될지는 장담할 수 없지만 아무 효과가 없다고는 볼 수 없다.

이러한 플라세보 효과를 본격적으로 연구하기 시작한 것은 1970년대다. 그러면서 약의 투여법, 약의 색과 크기, 복용하는 알약의 수에 따라 사람의 반응이 달라진다는 사실이 밝혀졌다.

입원 중인 환자에게 약을 복용시킬 때, 간호사가 침대로 다가와 약을 건네는 것보다 담당 의사가 일부러 찾아와 먹게 할 때 효과가 더 큰 것으로 나타났다. 또 알약을 복용하는 것보다 주사를 맞는 것이 효과가 더 컸다. 흡수율의 차이 등을 전부 고려했음에도 말이다.

같은 양의 성분이 들어 있어도 크기가 더 큰 알약이 작은 알약보다 효과가 더 컸다. 하지만 반대로 매우 작은 알약은 보통 크기의 알약보다 약효가 컸다. 또 알약보다 캡슐이 더 효과적이라는 보고도 나왔다.

약의 색은 어떨까? 약학대 학생을 대상으로 실시한 실험이 있다. 아무 성분도 들어 있지 않은 파란색과 분홍색 알약을 준비하고 학생들에게 '이것은 기분을 변화시키는 약이다'라고 설명한 다음, 약을 복용시켰다. 그러자 30%의 학생이 기분이 변한 것을 실감했다. 파란색 약을 먹은 그룹은 기분이 가라앉는 것을 느꼈고, 분홍색 약을 먹은 그룹은 기분이 좋아지는 것을 느꼈다고 보고했다. 특히 알약을 한 알 먹은 그룹보다 두 알 먹은 그룹의 기분 변화가 더 컸다고 한다.

1980년대 초에 실시된 유명한 실험이 있는데 이 실험에서는 두통을 호소하는 여성 환자 835명을 네 그룹으로 나누었다. A그룹에는 '진통제'라고만 적힌 위약(플라세보)을, B그룹에는 진통제로 유명한 브랜드명이 적힌 위약을, C그룹은 '진통제'라고만 적힌 아스피린을, D그룹에는 B그룹과 동일한 브랜드명이 적힌 아스피린을 복용하게 했다.

한 시간 뒤, 두통이 얼마나 가벼워졌는지를 점수화해서 답변을 집계하자 진통효과가 D - C - B - A의 순으로 나타났다. 위약보다 아스피린이 더 효과가 있었다는 것은 부정할 수 없다. 하지만 위약과 진짜 약 모두 진통제라고 표시한 쪽보다 유명 브랜드명을 적은 쪽이 더 효과가 컸던 것이다.

또 부정수소(不定愁訴, 검사를 해도 원인을 알 수 없는 두통, 피로, 초조, 불면 증세에 시달리는 상태_역주) 환자 200명에게 의사가 먹는 약을 처방하는 방식으로 네 가지 대응을 한 다음 개선율을 비교한 실험도 있다.

A그룹에는 의사가 진단명을 말하고 '별 문제 없습니다'라고 말하고 돌려보냈다. B그룹에는 A그룹과 같은 대응을 한 다음 비타민제를 건네고, '이 약이 효과가 있을 겁니다'라고 말했다. C그룹에는 의사가 고개를 갸웃거리며 '원인을 알 수가 없군요'라고 말

한 뒤 돌려보냈다. D그룹에는 '원인을 알 수가 없군요'라고 말하면서도 비타민제를 건네며 '이 약이 효과가 있을 겁니다'라고 말했다.

여기서 의사가 건넨 비타민제는 일종의 위약, 즉 플라세보였다. 과연 환자들의 개선율은 어떻게 나왔을까? A와 B는 64%, C는 56%, D는 43%를 보였다. 즉 의사가 고개를 갸웃거리며 '원인을 알 수가 없군요'라고 말하기보다는 어떻게든 진단명을 알려주는 편이 개선 효과가 더 좋은 것이다. 이 경우 위약을 복용시키는 편이 더 개선 효과가 높아야 하지만, 결과는 그렇지 않았다. 해석하기 어려운 부분이기는 하다.

또 의사가 '원인을 알 수가 없군요'라며 고개를 갸웃거린 경우에는 위약이 아무 효과가 없었다.

동통에 나타나는
플라세보 효과

플라세보 효과가 나타나기 쉬운 질환은 역시 동통(疼痛, 몸이 쑤시거나 아픔)이다. 통증을 사라지도록 하는 일은 다른 증상을 개선시키는 것보다 눈에 쉽게 띄기 때문이다. 1970년 후반에 사랑니를 발치한 후 느끼는 통증을 연구한 실험이 보고되었다. 이 실험은 얄미울 정도로 잘 설정되어 있었다. 발치를 하고 2시간이 지난 뒤 환자에게 '진통제입니다'라고 말하며 생리식염수를 넣은 정맥주사를 투여했다. 생리식염수는 위약이었다.

한 시간 뒤 환자 대부분이 통증이 줄어들었다고 보고했다. 그후 실험 대상을 두 그룹으로 나누고 A그룹에게는 다시 한 번 생리식염수를, B그룹에게는 날록손(naloxone)을 주사했다. 날록손은 뇌 내 마약물질인 엔도르핀의 효과를 차단하는 작용을 한다.

그러자 A그룹에서는 통증이 더 경감된 반면, B그룹은 통증이 늘었다. 이 실험을 통해 위약을 투여하는 행위는 단순히 암시를 거는 것이 아니며, 여기에는 뇌 내 마약물질인 엔도르핀을 분비시키는 힘이 있다는 사실이 밝혀졌다. 즉 A는 엔도르핀이 계속 나와서 그 작용으로 통증이 줄었고, B는 엔도르핀이 차단되어서 통증이 지속된 것이다. 결국 위약을 복용함으로써 나타난 '기분 변화'가 엔도르핀을 분비시켜 통증을 완화시킨 것이다. 획기적인 발견이었다.

1990년대 후반에는 더욱 정교하게 설계된 실험이 등장했다. 통증을 일으키는 실험이었는데, 통증을 자극하기 위해 사용된 것은 혈압을 측정할 때 팔에 감는 고무줄인 구혈대였다. 통증의 강도를 '전혀 아프지 않음'을 1점, '참을 수 없는 통증'을 10점으로 설정한 다음, 통증이 7에 도달했을 때 조작을 가했다.

피험자를 A·B·C 세 그룹으로 나누었다. A그룹에게는 알지 못하는 사이에 생리식염수를, B그룹에게도 알지 못하는 사이에 날록손을, C그룹에게는 '지금부터 진통제를 주사하겠습니다. 몇 분 지나면 통증이 많이 줄어들 겁니다'라고 말한 뒤 생리식염수를 주사했다.

그러자 A그룹과 B그룹은 통증의 정도가 더욱 심해져 약 35분 뒤에는 통증이 10에 도달했다. 반대로 C그룹은 5분 뒤부터 통증이 점차 줄어들어 25분 뒤에는 통증이 5가 되었다. 그 후에는 큰 변동을 보이지 않았다.

이 실험이 정교한 이유는 1단계 실험 중에 진행된 2단계 실험 때문이다. 연구팀은 C그룹을 다시 a·b·c 세 그룹으로 나누고 몰래 다른 약물을 투여했다. 약물이 투여된 시기는 실험이 시작된 지 15분이 경과했을 무렵, 즉 통증이 5로 줄어들고 더 이상 큰 변화를 보이지 않은 시점보다 10분 전이다. 세 그룹 모두 다른 약물이 투여된 사실을 알지 못했다. 아마 피험자들이 정맥주사를 맞고 있는 동안에 다른 관을 연결해 약물을 주입했을 것이다.

그 시점에서 a그룹에는 생리식염수, b그룹에는 날록손, c그룹에는 프로글루마이드(proglumide)를 투여했다. 앞서 말했듯이 날록손은 뇌 내 마약물질인 엔도르핀의 분비를 차단하는 효과가 있는데, 반면에 프로글루마이드는 엔도르핀의 효과를 가속화하는 성질이 있다.

이렇게 몰래 약물을 투여하고 10분이 지난 뒤, 즉 실험을 시작하고 25분이 지난 뒤에 세 그룹이 다른 반응을 보였다. 우선 a그룹은 통증이 그대로 5에 머물렀다. 하지만 b그룹은 통증이 오히려 7까지 증가했다. 한편 c그룹은 통증이 4까지 떨어졌다.

이 실험으로 두 가지 사실이 판명되었다. 첫째, 1단계 실험에서는 위약으로 생리식염수를 사용했는데 무엇이 되었든 피험자가 미리 설명을 듣고 희망을 갖지 않으면 아무런 효과를 얻지 못한다는 사실이 밝혀졌다.

둘째, 2단계 실험을 통해서는 플라세보 효과가 일으킨 진통효과는 '암시'나 '기분 탓'이 아니라 뇌 내 마약물질인 엔도르핀이 유발한 것이라는 점이 밝혀졌다. 그렇기에 엔도르핀의 분비를 차단하는 날록손을 투여하자 진통효과가 사라져 통증이 증가했고, 반대로 엔도르핀의 효과를 가속화하는 프로글루마이드를 투여하자 효과가 더 커져 통증이 감소한 것이다.

플라세보 효과 뒤에는 기대감이 숨어 있다는 점 또한 1990년대에 들어와 밝혀졌다. 피험자에게 카페인이라 말하고 위약을 대신 먹게 한 다음, 자동차 운전기술의 변화를 조사하자 점수가 크게 올라가는 것이 확인되었다.

기대가 주는 효과는 에어로빅에서도 증명되었다. 강사가 오늘 배울 운동은 건강에 좋다고 미리 재차 설명한 다음 수업을 시작하는 때가 설명을 하지 않은 때보다 효과가 컸다.

기대감이 플라세보 효과에 공헌한다는 점은 뒤에 설명할 외과 수술에서 동일하게 나타났다.

2000년 이후부터는 위약이 주는 진통효과를 더욱 정밀히 조사하기 위해 기능적 자기공명영상과 양전자방출단층촬영술(PET)이나 근적외선분광분석기(NIRS) 등을 이용한 기능적 뇌영상 연구가 활발해졌다. 이러한 연구를 통해 위약을 복용했을 때 엔도르핀이 방출되는 이유는 뇌의 전전두피질이 활성화되기 때문인 것으로 밝혀졌다. 전전두피질은 통증을 평가하고, 이를 불쾌감이나 혐오감으로 연결하는 사령실 같은 곳인데, 위약이 이 사령실에 작용해 엔도르핀을 분비시켜 통증을 완화하는 것이다.

이러한 플라세보 효과는 통증 외의 분야에서도 효과가 있다는 것이 이미 증명되었다. 고혈압 환자에게 강하제라고 말하고 위약을 대신 투여하자 혈압이 떨어졌다.

또 협심증 환자에게 니트로글리세린의 위약을 투여했을 때도 심전도의 비정상이 줄고, 환자가 운동을 해도 비정상을 쉽게 느낄 수 없었다. 실제로 니트로글리세린의 섭취량을 더 이상 늘리지 않기 위해 위약을 투여하는 내과 의사조차 있을 정도다.

복통이나 설사를 반복하는 과민성대장증후군도 위약을 투여하면 증상이 경감된다. 산부인과에서도 자궁내막증에 걸린 환자가 유효약과 위약을 복용했을 때 나타나는 차이를 이중맹검법을 이용해 비교한 연구가 있다. 이중맹검법이란 환자도 의사도 어느 것이 유효약이고 어느 것이 위약인지 모르는 상태에서 약을 투여하고 마지막에 제3자가 효과를 판정하는 방법을 말한다. 그 결과 당연히 유효약의 효과에는 미치지 못했지만 위약 역시 큰 효과를 발휘한다고 인정되었다.

외과에서 나타나는
플라세보 효과

그렇다면 외과 분야에서는 플라세보 효과가 어떤 영향을 끼칠까? 약을 사용하는 내과와 달리, 외과에서는 플라세보 효과 같은 게 통할 리 없다는 의견도 적지 않다. 하지만 외과 영역에서도 플라세보 효과는 큰 힘을 발휘한다.

대신 외과에는 위약이 아닌, 가짜 수술(sham surgery)이라는 것이 있다. 보여주기 위한 눈속임 수술이다.

지금까지도 회자되는 수술이 1950년대에 협심증 환자에게 실시한 내흉동맥 결찰술(고무 밴드나 링으로 정관이나 동맥 등을 묶는 수술_역주)이다. 내흉동맥은 흉골 안쪽에 있는 동맥으로, 그리 중요한 역할을 하지는 않는다. 이 수술은 내흉동맥을 묶으면 우회하기 위해 심장 관동맥으로 향하는 혈류가 증가해 협심증이 개선될 수도 있다는 가설을 바탕으로 실시한다.

실제로 내흉동맥 결찰술을 받은 환자 가운데 91%가 증상이 개선되는 효과를 보았고, 64%는 병이 나았다는 보고가 나오자 이 수술이 크게 유행하기 시작했다.

그로부터 몇 년 뒤, 다른 외과 의사가 이 수술법을 증명하기 위해 도전했다. 그는 환자 열세 명에게는 실제로 내흉동맥 결찰술을 실시하고, 다른 환자 다섯 명에게는 내흉동맥 결찰을 제외한 다른 절차를 모두 동일하게 진행한 가짜 수술을 실시해 그 결과를 비교하는 실험을 했다. 그 결과 진짜 수술을 받은 열세 명 가운데 열 명의 증세가 개선되었고, 나머지 세 명은 병이 나았다. 그런데 가짜 수술을 받은 다섯 명 역시 그 가운데 세 명은 증세가 개선되고, 나머지 두 명은 병이 나았다. 즉 수술을 받은 사람과 받지 않은 사람 사이에 큰 차이가 없었던 것이다. 결국 사람들은 이 수술 방식에 금세 흥미를 잃고 말았다.

정형외과 분야에서도 이런 사례가 드물지 않다. 관절 내시경을 이용한 무릎관절증 수술은 지금도 많이 시행되고 있다. 이 수술을 받는 환자를 A·B·C 세 그룹으로 나누어 효과를 비교한 연구가 있다.

A그룹은 환자의 무릎을 작게 절개해서 마치 내시경을 삽입한 인상을 주는 수술을 했다. B그룹은 실제로 환자의 무릎에 내시경을 삽입해 관절 내부를 세척했다. C그룹은 관절 내부를 세척한 다음 울퉁불퉁해진 연골 표면을 고르게 갈았다. 수술 효과를 2년간 추적 조사한 결과, 세 그룹 모두 개선율이 50%였다. 즉 수술을 받

았다는 안도감이 플라세보 효과를 유발해 증상을 개선했다고 할 수 있다.

정형외과 분야에서 실시한 또 다른 극적인 실험이 하나 있다. 골유합(수술한 부위의 뼈가 붙는 것_역주)을 연구한 실험이다. 경골(정강이뼈)이 골절되었을 때, 골절 부위에 자기장을 쏘면 골유합이 촉진된다는 보고가 나오면서 이 치료법 또한 크게 유행했다. 나도 의대에 다닐 때 수업 시간에 이 이야기를 듣고 엄청난 발견이라며 감탄한 기억이 있다.

훗날 이 보고의 진위를 확인하기 위해 환자를 A와 B 두 그룹으로 나누어 비교하는 실험이 실시되었다. A그룹에서는 골절 부위를 준비된 장치에 넣고 실제로 자기장에 노출시킨 반면, B그룹은 장치의 코드를 뽑아 전원이 들어오지 않는 상태에서 실험을 진행했다. 그런 다음 24주 후에 뼈가 붙은 상태를 조사했다. 어떤 결과가 나왔을까? 전원을 켠 A그룹은 아홉 명 가운데 다섯 명이, 전원을 끈 B그룹은 일곱 명 가운데 다섯 명이 뼈가 빠르게 유합된 것으로 나타났다. 자기장 자체가 효과를 발휘한 것이 아니라 최신 장비를 이용해 새로운 치료를 받았다는 생각이 골유합을 촉진시켰다고 볼 수 있다.

뇌 외과 분야에서도 파킨슨병에 걸린 환자를 대상으로 두 가지 실험이 진행되었다.

첫 번째 실험은 환자의 뇌에 사망한 태아의 뇌에 있던 흑질(도파민을 생성하는 신경세포가 많은 곳)을 이식하는 수술이었다. 파킨슨병은 흑질에서 도파민을 생성하는 신경세포가 점차 소실되어 도파민의 분비가 줄어드는 병이다. 이 실험은 거부반응이 적은 태아의 흑질을 주입해 부족해진 신경세포를 보충하려는 시도였다. 이 실험은 큰 성과를 거뒀고, 환자의 걸음걸이나 손가락 떨림 증상도 개선되었다.

그런데 문제는 두개골에 구멍을 뚫기만 하고 태아의 흑질을 주입하지 않은 가짜 수술에서도 개선 효과가 비슷한 비율로 나타났다는 것이다. 심지어 두 수술 모두 수술 전 기대감이 높을수록 개선 효과 또한 커지는 결과가 나왔다. 즉 '희망'이 플라세보 효과를 유발했다고 해석할 수 있다.

두 번째 실험은 한때 화제가 되었던 파킨슨병 환자의 시상의 복측부에 구토제인 아포모르핀(apomorphine)을 투여하는 치료법에 대한 것이었다. 아포모르핀을 투여하면 근강직도 경감할 수 있다고 알려져 있었다. 하지만 이 치료법 역시 그 후 생리식염수를 대신 투여해도 비슷한 비율의 개선 효과를 얻을 수 있다는 것이 밝혀지면서 인기가 시들해졌다.

1980년에 실시된 연구는 또 다른 분야에서 나타나는 플라세보 효과를 다루었다. 관동맥 질환을 앓고 있는 남성 환자 1,103명을 두 그룹으로 나눈 다음, 한쪽 그룹은 콜레스테롤을 줄이는 약을 계속 복용하게 하고, 다른 그룹은 위약을 계속 복용하게 했다. 5년 뒤에 이들의 사망률을 비교한 결과, 두 그룹의 사망률은 동일하게 나왔으며, 유효약이든 위약이든 약을 꾸준히 복용한 사람이 더 많이 생존해 있었다.

이러한 결과의 배경에는 약을 꾸준히 복용함으로써 매일 규칙적인 생활을 하고 과음이나 폭식 또한 피하게 된다는 사실이 깔려 있다. 이는 내가 앞서 말한 '눈약'과 같다. 환자에게 위약을 처방해도 이것이 '내가 당신의 병을 똑똑히 지켜보고 있습니다'라는 눈약과 같은 효과를 발휘하면 환자는 규칙적인 생활을 보내게 되고, 그것이 건강을 지키는 노력으로 이어진다. 이 실험 결과는 위약을 어떻게 사용해야 할지 고민하는 이들에게 좋은 힌트가 될 것이다.

의료와
플라세보의 역사

의료의 역사를 살펴보면 플라세보의 역사 그 자체임을 알 수 있다. 그 대표적인 예가 정맥을 절개해 피를 밖으로 뽑아내는 사혈(瀉血) 요법이다. 아픈 사람의 피를 빼는 이 무시무시한 치료법은 고대 메소포타미아, 고대 이집트, 고대 인도에서 시작되었다. 기원전 5~4세기 무렵, 의학의 아버지라 불리는 그리스의 히포크라테스도 사혈을 시행했다. 철학자이자 해부학자·생리학자이기도 했던 아리스토텔레스도 사혈을 추천했다.

중세시대에 크게 융성한 아라비아 의학에서도 사혈을 시행했다. 13세기에 설립된 몽펠리에(Montpellier)대학의 의대는 당시 유럽에서 가장 앞선 치료법을 배울 수 있는 곳이었는데, 여기서도 사혈이 많이 쓰였다. 당시 학설은 정액이 울체하면 혈액이 부패하고 이를 방지하기 위해 반드시 사혈을 시행해야 한다고 보았다. 그래서 수도사들은 매년 수차례 사혈을 시행했고, 일반인들도 이를 건강법으로 받아들였다.

16세기에 들어 유럽에서 외과학이 대두되었으나, 프랑스·네덜란드·영국·독일에서는 여전히 사혈이 시행되었으며, 17세기까지도 이어졌다.

18세기가 되자 사혈 학파는 더욱 활기를 띠었다. 게다가 파리대학의 어느 저명한 병리학자가 거머리를 이용한 흡혈 요법을 널리 퍼뜨린 결과, 세계 각지로부터 연간 4,000만 마리의 거머리를 수입했다고 한다.

18세기 후반에 들어서도 여전히 사혈이 시행되었다. 감염증이나 빈혈뿐만 아니라 다양한 질환에 적용되었다.

생각해보면 이뇨제가 존재하지 않았던 당시에는 사혈이 뇌출혈이나 울혈성 심부전 환자에게 어느 정도 효과를 나타냈을 수도 있다. 그런데 1799년, 감염성 질환인 급성 인두염으로 후두가 협착한 미국 조지 워싱턴 대통령에게 사혈을 시행하여 무려 2.5리터의 피를 뽑아낸 사례에서는 사혈이 그에게 치명상을 안기고 말았다.

사혈은 피를 빼내는 치료법이므로 겉으로 보기에는 매우 극적이다. 이 치료법의 유효성을 치료자와 환자가 믿는다면 플라세보 효과는 더욱 커질 것이며, 소량의 사혈은 일시적으로나마 증상의 개선 효과를 줄 수 있다. 그런 까닭에 고대부터 효과적인 치료법이라는 명성을 유지해왔을 것이다.

이러한 플라세보 효과가 더욱 뚜렷하게 나타나기 시작한 것은 2차 세계대전 이후부터다. 제약회사들이 약품을 개발하고 그 유효성을 증명하기 위해 대조약으로 플라세보를 사용했기 때문이다. 그러나 그 후 플라세보 효과는 제약회사를 괴롭히는 골칫거리가 되었다. 눈앞에서 치워버리고 싶은 존재이자 가능한 한 과소평가해야 하는 대상이 되었다.

1970년대부터 이중맹검법에서 위약을 사용하지 않으려는 움직임이 나타난 후, 플라세보 효과를 적대시하고 무시하는 성향이 한층 강해졌다. 신약의 대조약으로 위약이 아닌 기존의 약을 선택한 것이다. 이미 어느 정도 유효성이 인정된 약과 새로 개발된 약을 비교한 후, 새로 개발된 약이 기존의 약보다 효과가 더 뛰어나거나 부작용이 적으면 신약으로 인정받게 되었다. 상황이 이렇게 바뀌자 제약회사나 의사들은 점차 플라세보 효과의 존재 자체를 잊고 말았다. 플라세보 효과가 암흑기에 접어든 것이다.

플라세보 효과는 심리학적 관점에서도 매우 흥미로운 주제다. 하지만 플라세보 효과를 연구해야만 하는 심리학자들 또한 연구에 적극적으로 뛰어들려고 하지 않았다. 그 이유는 두 가지다.

첫 번째 이유는 플라세보 효과가 너무 막연한 개념이라 어딘가에 초점을 맞추어 범위를 좁히기가 힘들고 결과를 예견하거나 재현하기 어렵다는 점이다.

두 번째 이유는 동물실험을 하기 어렵다는 점이다. 어떤 방법을 쓰더라도 개나 고양이, 쥐에게는 플라세보 효과가 나타나지 않을 것이다. 침팬지라면 어느 정도 가능성이 있기는 하지만, 실험을 어떻게 설계해야 할지 엄두가 나지 않는다.

또 의료행정 측면에서도 플라세보 효과를 실제로 활용하는 것은 현실적으로 불가능하다. 혹시라도, 의사가 내게 미리 알리지도 않고 가짜 약을 주었다며 환자가 항의라도 한다면 의사는 본전도 못 찾게 된다.

결국 의료 현장에서는 더 이상 플라세보 효과를 언급하지 않게 되었다. 마치 그런 것은 처음부터 존재하지 않았다는 듯이 말이다. 세계적인 내과학 교과서에서도 플라세보 효과에 대한 기술이 사라졌다.

반면 이러한 플라세보 효과에 주목하고 돈벌이 수단으로 삼기 시작한 이들도 있다. 수상쩍은 의료기기나 보충제를 판매하는 일부 악덕업자들이다. 몇 년 전, 일반 물을 마치 보충제라도 되는 것처럼 '파동수(波動水)'라는 이름으로 판매해 연간 340억 원의 매출을 올린 후쿠오카의 회사 대표 등이 사기죄로 체포되었다. 이용자에게 과대 광고 문구를 반복적으로 보여주어 신뢰를 얻은 후, 파동수 상품 수백만 원어치를 구입하게 했다. 이런 사람들은 플라세보 효과를 최대한 이용하기 때문에 아무런 효과가 없다고는 할 수 없는 것이 문제다. 어느 정도 효과를 보는 사람도 있을 것이다. 앞으로도 이런 상술은 형태만 조금씩 바꿔가며 계속 존재할 것이 분명하다.

21세기의
플라세보 효과

21세기에 접어들어 의학의료 분야에서도 플라세보 효과를 정당히 취급하게 되었다. 예전처럼 이중맹검법의 대조약에 기존의 약이 아닌 위약을 의무적으로 사용하도록 제도가 변경되었다. 30년에 걸친 암흑기를 보내야 했던 플라세보 효과가 다시 밝은 빛을 보게 된 것이다.

이때 새롭게 떠오른 개념이 'NNT(Number Needed to Treat)'다. 쉽게 말하면 '위약과 비교해 유효성을 실감하는 데 필요한 사례의 수'를 의미한다.

새로 개발된 약의 유효성을 확인할 때, 진짜 약과 위약의 차이가 뚜렷할 경우에는 10명의 사례만으로도 충분한 통계적 차이가 나타난다. 하지만 우열을 가리기 힘들 만큼 그 차이가 미묘할 때는 통계적 차이를 나타내기 위해 1,000명의 사례가 필요하다. 2009년에는 기대를 모았던 새로운 혈전용해제가 최종 단계인 제3상 임상 시험에서 위약과 동등하다는 평가를 받았다. 한편 2015년에는 새로 개발된 당뇨병 치료제가 위약보다 효과가 뛰어나다는 인정을 받지 못했다.

2009년에 미국에서 만성 요통 환자 638명을 대상으로 일반적인 약물요법과 정식 침 치료, 그리고 유사 침 치료의 효과를 비교하는 연구를 진행한 적이 있다. 샴 침(sham acupuncture, 끝이 뭉뚝해 피부를 뚫고 들어가지 않고 단지 침을 맞았다는 느낌만 주는 가짜 침으로, 침 치료의 맹검 실험에 사용된다_역주) 치료의 경우, 침관에 이쑤시개를 넣은 다음 그 끝으로 피부에는 들어가지 않게 혈을 살짝 찌르는 침 법이다. 7주 동안 실제 침과 샴 침으로 치료를 지속한 다음, 8주 차에 그 결과를 조사해보자 정식 침 치료와 유사 침 치료 사이에 큰 차이가 나타나지 않았으며 두 방법 모두 일반적인 약물요법보다 높은 개선율을 보였다.

이 실험을 통해 '장기간의 약물요법은 부작용이 나타날 위험이 있으므로 도중에 경혈을 자극하는 다양한 치료법으로 전환하는 것이 합리적인 선택이다'라는 결론이 도출되었다.

2010년에 경도~중등도의 파킨슨병 환자 35명의 사례를 대상으로 실시한 실험 또한 매우 정교하게 설계되었다. 환자를 네 그룹으로 나눈 다음, 진짜 약인 L-도파(도파민 전구 물질_역주)가 처방될 가능성이 각각 25%, 50%, 75%, 100%라고 전달한 후, 모든 환자에게 위약을 투여했다. 그리고 네 그룹 모두 약 투여 전후에 PET로 도파민 방출 정도를 조사했다. 그러자 진짜 약이 처방될 확률이 75%라는 설명을 들은 그룹에서 도파민이 방출된 것이 확인되었다. 반면 다른 세 그룹은 방출되지 않았다. 이러한 결과를 통해 환자의 기대감이 플라세보 효과를 증대시킨다는 사실이 판명되었다.

2015년에 발표된 실험에서는 플라세보 효과가 잘 나타나는 파킨슨병 환자를 선발해 두 그룹으로 나눈 다음, 한쪽 그룹에는 '고가의 신약'을 투여할 것이라고 설명하고, 다른 그룹에는 '저렴한 일반 약'을 투여할 것이라고 설명한 후 이들의 운동기능 개선 효과를 조사했다. 물론 두 그룹 모두에게 투여한 약은 위약이었다. 결과는 예상대로였다. 고가의 신약으로 치료받는다는 설명을 들은 그룹의 운동기능이 유의미하게 개선되었다. 즉 '기대감'이 플라세보 효과를 일으킨 것이다.

2011년에 발표된 미국의 한 실험은 천식 환자를 대상으로 한 것이었다. 천식에는 기관지 확장제인 살부타몰(salbutamol)이 효과적이다. 이 실험에서는 만성 천식 환자 서른아홉 명을 네 그룹으로 나눈 다음, A그룹에는 살부타몰 흡입약을 투여하고, B그룹에는 위약인 흡입약을 투여했다. 그리고 C그룹에는 가짜 침 치료를 실시했으며, D그룹에는 아무런 개입도 하지 않았다. 결과의 분석에는 폐활량 측정(숨을 최대한 들이마신 상태에서 있는 힘껏 내뱉은 공기의 양_역주)이 객관적 지표로, 환자가 스스로 보고한 증상 개선도 기록이 주관적 지표로 사용되었다.

그 결과 폐활량 측정에서는 A그룹만이 20%의 개선 효과를 보였고, 다른 B·C·D 그룹은 개선 효과가 0%로 나타났다. 그러나 환자가 직접 작성한 증상 개선도 기록에서는 A그룹이 50%, B그룹이 45%, C그룹이 46%의 개선도를 보였다고 인정했다. 세 그룹 사이에 유의미한 차이는 나타나지 않았다. D그룹은 당연히 어떤 개선 효과도 나타나지 않았다.

이러한 결과를 통해 '치료를 받고 있다는 실감이 환자의 증상을 개선한다'라는 결과가 도출되었다. 바꾸어 말하면 치료라는 '의식(세리모니)'이 치료 과정에서 강력한 힘을 발휘하는 것이다.

이는 앞서 소개한 메디신맨의 치료 자세를 떠올리게 한다.

그렇다면 과연 현대의 의사들도 메디신맨처럼 플라세보 효과를 이용하고 있을까? 2008년에 실시된 미국의 한 설문조사에서는 절반이 넘는 의사가 위약을 일상적으로 처방한다고 답했다.

이 조사는 만성 증상을 많이 치료하고 있는 의사 1,200명에게 설문지를 보내어 총 679명에게서 답변을 얻었다(답변율 57%). 답변을 한 의사 가운데 62%가 '위약을 일상적으로 처방하며, 이는 윤리적으로도 허용된다'라고 답했다. 이들은 위약으로 약한 진통제나 비타민제, 항균제, 진정제를 사용했다.

참고로 류마티스 관절염은 얼마 전에 매우 효과적인 신약이 개발되었으므로 앞으로는 위약을 처방하는 일이 많지 않을 것이다.

정신의학 분야에서도 새로 개발된 향정신약과 위약을 비교하는 임상 시험이 활발하게 진행되고 있다. 이를 보면 이제는 솔직히 어느 임상 시험에서나 위약이 상당한 효과를 발휘하고 있다는 생각이 든다.

예를 들어 대표적인 항정신병약인 올란자핀(olanzapine)과 위약을 우울증 환자에게 6주 동안 투여한 임상 시험이 있다. 이 시험에서 진짜 약과 위약은 내적 긴장·불면·식욕 부진·비관적 사고 등 네 가지 항목에서는 증상 개선에 유의한 차이를 보였으나, 외견상의 슬픔·비관적 발언·집중력 저하·전신 권태감·감정 상실·자살 염려 등 여섯 가지 항목에서는 유의미한 차이를 보이지 않았다.

반대로 부작용을 살펴보자. 올란자핀 투여군에서 체중증가와 콜레스테롤 수치 상승, 감마 지티피(γ-GTP. 간이나 신장, 췌장 등에 많은 단백분해효소로, 알코올성 간 기능 장애의 지표로 활용된다_역주) 상승, 프로락틴(prolactin) 수치 상승 등이 유의미하게 나타났다.

이러한 부작용까지 고려했을 때 환자에게 진짜 약과 위약 중 과연 어느 쪽을 권해야 할지 고민할 만하다.

또 항우울제인 에스시탈로프람(escitalopram)과 위약을 각각 투여하고 8주 후 우울 점수의 저하를 비교해본 결과, 에스시탈로프람을 투여한 그룹은 18% 감소했고 위약을 투여한 그룹도 14% 감소하며 상당한 효과를 보였다. 대략적으로 말하자면 항우울제의 효과를 100으로 놓았을 때, 위약의 효과를 60~70으로 보는 것이 타당하다.

이 밖에도 항우울제와 위약을 비교한 다른 연구를 통해 경증~중등증의 우울증에는 항우울제가 거의 효과가 없으며, 약의 부작용을 고려했을 때 위약을 처방하는 편이 낫다는 결론이 도출되었다.

노시보 효과라는
부작용

이때 주의해야 할 점이 있다. 그것은 위약을 사용하더라도 부작용이 생길 수 있다는 사실이다. 이를 노시보 효과(nocebo effect, 약효에 대한 불신이나 부작용에 대한 염려가 실제로 부정적인 결과를 초래하는 것_역주)라고 부른다.

예를 들어 항우울제인 미르타자핀(mirtazapine)과 위약의 부작용을 비교했을 때 두통이나 체중감소 같은 부작용은 위약군에 더 많고, 구갈과 졸림, 과진정, 식욕항진, 체중증가 같은 부작용은 미르타자핀군이 더 심한 것으로 나타난다.

이러한 노시보 효과가 어디에서 유래되는지는 아직 명확히 밝혀지지 않았다. 다만 플라세보 효과와 유사한 메커니즘에 따라 부작용이 발생한다는 예상은 할 수 있다.

노시보 효과는 위약뿐만 아니라 진짜 약에서도 나타나며, 그 약이 원래 지닌 부작용을 더욱 심화시킨다.

그렇다는 것은 환자에게 쌀쌀맞게 구는 정신과 의사의 경우 우울증 환자에게 실제로 항우울제를 투여해도 약효를 증대시키는 플라세보 효과가 전혀 나타나지 않고 오직 노시보 효과만 일어나 약이 지닌 항우울 효과를 기대할 수 없을 수도 있다는 뜻이 된다.

반대로 환자가 전폭적인 신뢰를 보내는 정신과 의사의 경우, '이 약이 우울증에 효과적이에요'라며 비타민제를 투여해도 뛰어난 항우울 효과를 얻을 수 있을 것이다.

나는 개인적으로 약을 싫어하는 환자에게는 약을 처방하지 않는다. 그런 환자는 일반적으로 효과가 있는 약을 투여해도 큰 효과를 보지 못한다. 오히려 약이 지닌 부작용에 노시보 효과까지 더해질 뿐이다. 스스로 불편함을 느끼고 약을 청하는 환자에게는 극히 소량의 약만 처방해도 큰 효과를 볼 수 있다. 그런 모습을 볼 때면 나는 '아, 이것이 플라세보 효과구나' 하고 실감하고, 환자와

한 달에 한두 번 만나는 짧은 진료 시간을 소중히 여기곤 한다. 다시 한번 느끼지만 소극적 수용력을 길러두면 그 어떤 난치병과도 맞설 수 있다.

플라세보 효과를 일으키는 필요조건은 '의미 부여'와 '기대'다. '내가 지금 치료를 받고 있구나'라는 것을 환자가 느끼고 병이 많이 좋아질 것이라는 기대를 가졌을 때 뇌가 희망을 발견하고 몸을 치유의 방향으로 이끄는 것이라고 생각한다. 의미를 부여하거나 기대를 할 때 뇌에서 가장 활성화되는 영역은 전전두피질일 것이다. 위약이 희망을 좋아하는 뇌에 불을 붙이고, 뇌의 심부, 나아가서는 체내의 자연 치유 메커니즘에까지 좋은 영향을 끼치는 것이다.

반면 노시보 효과는 약을 복용할 때마다 따라다닌 부작용에 대한 기억이 전두엽에서 되살아나 여러 감각을 깨우는 것일 수도 있다.

그렇다면 '치매 환자에게서 플라세보 효과를 기대할 수 있을까?'라는 의문이 자연스럽게 떠오른다. 현재 일본에는 네 종류의 알츠하이머병 치료제가 있다. 네 가지 약 모두 위약과 비교해 효과를 인정받았다. 물론 항우울제와 마찬가지로 위약도 어느 정도 개선 효과가 있기는 하다. 이는 인지기능이 떨어진다고 할지라도 위약에서도 의미를 찾고 희망을 갖는 뇌의 기능이 여전히 유지된다는 것을 의미한다.

앞에서 개나 고양이에게서는 플라세보 효과가 나타날 수 없다고 추측했지만, 어쩌면 이러한 플라세보 효과는 대부분의 동물들이 보유하고 있는 능력일지도 모른다. 병에 걸린 반려동물을 간호한 경험이 있는 사람이라면 개나 고양이에게도 당연히 플라세보 효과가 있다고 대답할 것이 분명하다.

플라세보 효과를 생각하면 현대의 치료자인 의사들도 과거의 메디신맨과 같은 위치에 서 있다는 것을 알 수 있다. 양측 모두 도저히 손을 쓸 수 없는 상황을 맞닥뜨리더라도 소극적 수용력을 최대한 발휘해 어떻게든 플라세보 효과를 이끌어내고 희망을 좋아하는 뇌에 자극을 가한다면 한 줄기 빛을 발견할 수 있을 것이다.

이 순간 나는 1979년에 노벨평화상을 수상한 마더 테레사의 말이 떠오른다.

누구든 치료만 하면 된다는 생각은 큰 착각이다. 우리는 진심을 다해야만 한다.

7장

창조행위와
소극적 수용력

정신의학에서 발견하는
창조행위

키츠가 소극적 수용력이라는 개념에 도달할 수 있었던 것은 스스로 시를 짓고 셰익스피어에 심취했기 때문이었다. 그는 진정한 창조행위에는 소극적 수용력이 빠질 수 없다는 것을 깨달았던 것이다.

창조(라틴어로 Creatio)의 기원은 '(무에서 이 세상에) 존재시킨다(to bring into being)'는 것이다. 그야말로 신의 일이라 할 수 있다. 즉 창조행위는 인간이 신의 위치에서 무에서 유를 만들어내는 일이다. 그렇기에 일반적인 능력이 아닌, 소극적 수용력이 끼어들어야만 가능하다고 생각할 수 있다.

한편 정신의학에서는 이러한 창조행위와 치유를 늘 관련지어 생각해왔다. 예술을 예술가의 정신 상태와 연결해 분석하는 병적학(pathography)의 발달이 그 좋은 예다.

일반적으로 창조행위는 그 행위를 한 당사자를 치유한다는 믿음이 있다. 창조행위를 하는 그 사람이 지닌 병리성을 예술이라는 대상에 충돌시키고 승화시켜 건전함을 되찾는다는 것이다. 하지만 그 과정이 그리 순탄치 않다는 사실은 이미 수많은 연구를 통해 밝혀졌다.

예술가 중에 알코올 중독 환자가 많다는 조사 결과가 이미 1990년대에 보고된 바 있다. 같은 시기에 예술 분야가 아닌 과학과 경제 분야에서 창조성을 발휘한 인물을 조사한 결과, 이들 대다수가 약물 중독이나 자살 기도, 조증이나 불안장애, 적응장애 등 정신적인 문제를 안고 있었다는 사실이 밝혀졌다.

20세기에 활동한 미국 추상표현주의 화가 열다섯 명을 연구한 결과는 더욱 비참했다. 그들 가운데 40%가 정신과 치료를 받았고, 20%는 정신병원에 입원했다. 또 그들 중 두 명은 자살했으며, 다른 두 명은 교통사고로 사망했고, 또 다른 일곱 명은 예순 살이 되기 전에 세상을 떠났다. 이 조사를 실시한 연구자는 예술 활동 자체가 인생의 고독한 심연을 나타내며, 화가는 그 비극성에 짓밟혀버린 것이 아닐까 하고 추측했다.

위의 연구결과로 판단해보면 창조행위가 그 행위를 한 사람을 치유한다고 본 생각은 너무나도 표면적인 관점에서 바라본 것이 아닐까 싶다.

창조행위의 가치를 정신의학과 관련해 해석하는 방법은 크게 두 가지로 나눌 수 있다. 첫 번째 방법은 지금까지 이야기한 것처럼 창조성과 정신장애의 관련성을 조사하는 것이다. 두 번째 방법은 창조성 그 자체를 심리학과 정신병리학적 관점에서 해석하는 것이다.

첫 번째 방법을 따른 여러 연구 성과를 살펴보자. 1990년대에 과학·정치·사상·예술 분야에서 저마다 창조성을 발휘한 인물 291명에 대해서 그 사람과 정신장애가 과연 관련 있는지 조사한 연구가 있다. 이들 중에서 가장 많았던 것이 인격장애였다. 그 비율은 무려 작가 중에서 70%, 사상가 중에서 60%, 정치가 중에서 50%에 달했다.

1980년대에 작가의 창조성과 기분장애(우울증이나 조울증)의 관련성을 지적한 미국 정신과 의사 낸시 안드레아센(Nancy Andreasen)의 연구도 유명하다. 안드레아센은 작가 30명과 그 대조군을 비교한 결과, 작가군에서 조울증이 유의미하게 많았으며, 그 가족 중에서도 창조성과 기분장애를 지닌 사람이 많다는 것을 알게 되었다. 안드레아센은 조울 증상의 경험이 창조성을 향상시킨 것이 아닐까 하고 추측했다. 즉 우울증을 앓는 시기는 창조가 배양되는 시기에 해당하며, 조증을 앓는 시기가 되면 그것이 단숨에 꽃을 피운다고 본 것이다.

남성을 제외한 여성 작가 59명을 대조군으로 삼은 1990년대의 연구에서도 기분장애가 많다는 결과가 나왔다. 이 연구자는 창조행위가 정신장애라는 인생의 무거운 짐을 경감하는 데 도움이 되었다고 보았다.

미국 노벨문학상 수상 작가 중 70%가 알코올 중독자였다고 보고한 충격적인 논문도 있다. 우리에게 익숙한 싱클레어 루이스, 유진 글래드스톤 오닐, 펄 벅, 윌리엄 포크너, 어니스트 헤밍웨이, 존 스타인벡, 솔 벨로 등이 여기에 포함되었다. 연구자는 작가들이 창조행위에 활력을 불어넣기 위해 알코올의 힘을 빌렸을 것으로 추측했다.

이 밖에도 조현병의 성향과 창조성을 논한 연구도 있다. 조현병 성향이 있는 사람은 대체로 새로운 관점과 원시적인 사고양식을 보이는데, 이것이 창조성으로 이어진다는 것이다.

또 스트레스가 창조행위의 밑바탕이 된다고 강조한 논문도 있다. 다소 의외이긴 하지만 고독이나 불안, 생존에 대한 위협, 갈등 등 어린 시절에 겪은 스트레스 요인들이 창조행위에 지속적으로 동기를 부여한다는 것이다.

미술 분야에서 이루어지는 창조행위를 분석한 연구도 있다. 화가는 우선 미지의 표상에서 어떤 대략적인 구조를 발견한다. 그리고 그 엉성한 구조를 긴밀하게 만들면서 꿈처럼 지각하고, 마지막으로 그것을 형상으로 표현한다. 연구자는 이러한 과정이

① 문제의 정립, ② 포란기, ③ 통찰, ④ 전달의 네 단계를 밟는다고 보았다.

예술가의 인지 양식

창조행위를 하는 예술가의 인지 양식에 주목한 논문도 있다. 그 논문은 예술가에게는 대립하는 애매한 정보를 통합하는 힘, 바꿔 말하면 두 가지 이상의 정반대되는 사상이나 개념, 표상을 동시에 지각해 사용하는 능력이 있다고 밝힌다.

다른 연구에서는 창조성의 원천이 되는 인지의 형식을 여섯 가지 차원으로 나누어 고찰했다. 그 여섯 가지는 ① 지성, ② 지식, ③ 능력을 어디에 집중시킬 것인가 하는 지적인 양식, ④ 성격, ⑤ 동기부여, ⑥ 환경이다.

그 가운데 네 번째 '성격'의 특징으로 지적한 것이 '애매한 상황을 견디고', '단편적인 것들이 균형을 이루어서 하나가 되기를 기다리는 능력'이다.

어떤가? 마치 200년 전에 키츠가 발견한 소극적 수용력을 떠오르게 하지 않는가?

키츠는 시를 짓는 과정에서 소극적 수용력이 발휘해야 할 이상적인 모습을 자신을 이해하고 지지해준 리처드 우드하우스에게 보낸 1818년 10월 27일 자 편지에 적었다.

키츠는 위대한 시인은 "정체성이 없으며", "이 세상에서 가장 시적이지 않은 존재"라고 정의했다. 그리고 키츠 자신도 "내가 내뱉는 모든 시적 언어는 단 한마디도 내 개인적인 성질에서 파생되지 않았다"라고 단언했다. 그러면서 자신은 "개인적인 성질, 정체성이 전혀 없는데도 어떻게 시를 지을 수 있는 것일까?"라고 스스로 물었다.

키츠는 시적 언어가 탄생하는 구체적인 상황을 다음과 같이 설명했다. "나는 다른 사람들과 함께 룸 안에 있을 때, 내 뇌가 만들어내는 것에 연연해 하지 않고 나 자신을 나로 돌려보내지 않은 채 그대로 둔다. 그러면 함께 있는 사람들의 정체성이 나를 점점 에워싸다 어느 한순간 나 자신이 무(無)가 된다." 키츠는 자신이 무가 된 그 순간부터 시적 언어가 튀어나온다고 고백했다.

이 장의 서두에서 많은 예술가들이 알코올에 중독되거나 정신적인 문제를 일으킨다는 사실을 살펴봤다. 나는 이러한 문제가 창조행위에 수반되는 소극적 수용력이 결여되었기 때문에 일어난다고 생각한다.

소설가는
불확실한 상황을 견딘다

소극적 수용력이 가장 경계하는 것은 성급하게 결론을 내리는 것이다. 하지만 이 같은 경계는 정신분석학 이론의 창시자인 프로이트도, 현상학을 학문으로 정착시킨 후설(Edmund Husserl)도 제기한 바 있다.

예를 들어 후설이 말한 현상학적 환원은 관찰자가 자신의 편견이나 주관을 지우고 지극히 순수한 눈으로 바라보기 위한 시도다.

반면 프로이트가 주장한 자유연상법에서는 환자가 자신의 문제를 잠시 유보해두고, 머릿속에 떠오르는 일을 전부 이야기하게 한다. 지금 떠오르는 일이 중요한지 아닌지에 대한 판단은 뒤로 미룬다. 물론 치료자도 마찬가지로 환자의 자유연상법이 진행되는 동안 그 어떤 목적도 갖지 않고 연상이나 치료의 새로운 전개를 흥미롭게 지켜보며 시종일관 자유롭게 생각을 열어두는 것이 이상적이다.

후설이 외부로부터 세계를 유보했다고 한다면, 프로이트는 내부로부터 이를 시도했다고 할 수 있다.

이미 35년도 더 지난 일이지만, 어느 월간지에서 소설『오니헤이 한카초』의 저자인 이케나미 쇼타로와 편집자가 대담을 나눈 글을 읽은 적이 있다. 이케나미가 월간지에 시대 소설을 연재할 무렵이었다(문예춘추사에서 발행하는 월간지 『올 요미모노』에 1967년부터 연재되었고 드라마, 영화, 만화로 다양하게 각색되고 있다._편집자 주).

어느 회의 마지막 장면에서 밤길을 걷던 주인공 무사의 등 뒤로 누군가가 나타나 칼을 내리쳤다. 그 회는 주인공이 재빨리 몸을 피하는 장면에서 끝이 났다.

대담에서 편집자가 "칼을 내리친 사내는 누구입니까?"라고 묻자 작가는 이렇게 대답했다. "사실 나도 아직 잘 몰라. 다음 주가 되면 아마 대충 짐작이 가겠지."

이런 대화를 읽었을 당시, 나는 뭐 이런 무책임한 작가가 다 있냐며 화를 냈었다. 하지만 지금에 와서는 '그래, 창작이란 그런 것이지' 하며 그저 이케나미가 도달한 경지에 경의를 표할 뿐이다.

소설을 써 내려가던 이케나미는 주인공의 움직임을 쫓으면서 아마도 주인공이 신변의 위협을 느낀다는 것을 알아차렸을 것이다. 그 순간 작가는 주인공과 일체화되었을 것이다. 등 뒤로 그림자가 점차 가까이 다가오는 것을 느끼며 밤길을 서두른다. 칼에 손을 가져가는 소리, 칼을 빼 드는 소리가 귓가에 들렸을지도 모른다. 살기를 느끼고 옆으로 몸을 날리는 순간 칼날이 달빛에 반사되었다.

다음 회에서 아마도 주인공은 몸을 굽힌 채 '웬 놈이냐?'라고 물을 것이다. 또는 아무 말 없이 온 신경을 집중하며 기다리다 상대가 움직이면 주인공도 행동을 개시할지 모른다. 이미 오른손은 칼자루를 쥔 상태라 상대방이 다시 칼을 휘두르며 달려든다 한들 칼을 뽑는 동시에 내리칠 수 있을 것이다.

서로 노려보다 상대방이 자리를 피할지 아니면 칼부림을 벌일지는 작가의 생각에 달렸다. 상대방의 정체가 달빛에 드러날지 아니면 검은 복면에 가려 보이지 않을지 이 또한 작가의 마음에 달렸다. 작가가 그 장면을 완성하기 전까지는 아무것도 쉽게 예상할 수 없다.

소설을 쓴다는 것은 손전등 하나만을 들고 어둠 속을 걷는 것과 같다. 별의 위치를 확인하면 나아갈 방향을 대략 짐작할 수는 있지만, 자신이 가는 이 길이 곧게 뻗어 있는지, 아니면 굽어 있는지, 막다른 길은 없는지 짐작할 수 없다. 평탄한 길일지, 자갈밭일지 도중에 시내를 건너야 할지 그 또한 알 수 없다. 보이는 것이라고는 오직 손전등이 불빛을 비추는 곳뿐이다.

10미터를 걸어가면 다시 새로운 10미터가 앞에 펼쳐진다. 100미터 앞까지 한눈에 볼 수는 없다. 단편 소설이든 장편 소설이든 본질은 변하지 않으며, 소설을 집필할 때 마지막 결말까지 전부 머릿속에 들어 있는 경우는 극히 드물다. 보통, 작가는 미리 결말을 정해두지 않는다. 만약 그렇게 하면 독자들이 뻔히 예상할 수 있는 재미없는 소설이 될 것이다.

나는 소설을 쓸 때 400자 원고지 네 장 분량 이후의 내용을 어떻게 전개할지 미리 정해놓지 않는다. 어느 정도 예상은 하면서 글을 써 내려가므로 전반적인 방향은 보인다. 하지만 세부적인 내용은 현재 쓰고 있는 장과 그 전에 쓴 장 정도밖에 머릿속에 들어 있지 않다.

글을 쓰다가 문득 처음 계획했던 것과 다른 길이 보이면 오히려 쾌재를 부르고 싶어진다. 그 순간이 가장 중요하다. 어떤 인물이 예상 밖의 발언을 하거나 머릿속에 이미 정해두었던 흐름과 다른 전개가 펼쳐질 때가 있다. 그럴 때는 그저 손이 가는 대로 놔두어야 훨씬 흥미롭고 생생한 소설이 완성된다. 작가는 이처럼 불확실한 상태를 하루하루 견디며 작은 회중전등 불빛 하나에 의지해 걸어가야만 한다.

시인과 정신과 의사의
공통점

의사의 길을 걸어가던 키츠는 도중에 시인이 되는 길을 택했다. 키츠는 의학이 시작(詩作)과 대극을 이루는 위치에 존재한다고 생각했을 것이다. 시인이 자신의 정체성을 지워버리고 시를 쓰려는 대상에 깊이 몰입해버리는 데 반해, 의사는 이미 확고한 정체성을 획득하고 있으며 명백한 목적과 수단으로 환자를 상대하기 때문이다.

하지만 의학 중에서도 정신의학은 특수한 위치에 있다. 쉽게 말하면 정신과 의사에게는 이렇다 할 정체성이나 확실한 목적, 수단이 없어 보인다. 이처럼 시인과 정신과 의사는 다른 점보다 닮은 점이 더 많다.

작가는 이야기 속 주인공을 자신의 머릿속에서 만들어내기는 하지만, 그렇다고 주인공을 100% 자신의 의도대로 움직이는 것만은 아니다. 주인공이 스스로 움직여나가면 작가는 그 뒤를 쫓는 존재가 된다. 그렇기에 앞서 이야기한 것처럼 먼 앞날까지 내다볼 수 없는 것이다.

정신과 치료도 이와 비슷한 면이 있다. 병원을 찾는 환자는 그야말로 천차만별이고 누구 하나 똑같은 사람이 없다. 진단명이 같더라도 환자마다 처한 환경이 각기 다르기 마련이다. 교과서도 있고 치료 지침도 나와 있기는 하지만, 대략적인 방향만을 알려줄 뿐 매뉴얼 같은 역할을 하지는 못한다. 그렇기에 정신과 의사 나름대로 방법을 궁리하며 환자와의 상담을 통해 조금씩 길을 헤쳐나갈 수밖에 없다.

나쁘게 말하면 오리무중, 조금 낫게 말한다면 달빛이 비치는 밤에 두 사람이 보트를 탄 채 낭떠러지가 보이지 않는 호수를 노 저어 가는 것이라 할 수 있다. 환자가 직접 노를 저을 때도 있고, 치료자가 환자의 지시에 따라 노를 저을 때도 있을 것이다.

작가와 정신과 의사라는 두 가지 일이 내 안에 모순되지 않게 하나로 녹아들어 있는 것도 이러한 이유에서다. 환자를 대하는 방법과 내가 만들어낸 등장인물을 대하는 방법이 매우 닮았기 때문이다. 그 무엇도 결론짓지 않고, 불확실한 상태를 견디는 과정을 통해 환자는 자신의 길을 발견하고, 등장인물도 자연스럽게 자신이 나아가야 할 길을 발견해 소설을 완결해준다.

셰익스피어와
『겐지 이야기』

키츠가 본
셰익스피어의 소극적 수용력

2016년은 셰익스피어 서거 400주년인 해로, 그의 작품이 세계 각지에서 공연되었으며 많은 평론도 나왔다. 〈타임〉지는 2016년 4월 11일 자에 셰익스피어의 작품이 후세에 끼친 영향이 무엇인지 일람표로 작성해 게재했다.

그의 작품을 희극, 역사극, 비극으로 크게 나누어 보면, 희극이 열여섯 편으로 가장 많다. 『한여름 밤의 꿈』, 『베니스의 상인』, 『뜻대로 하세요』, 『십이야』, 『겨울 이야기』, 『템페스트』 등 영문학자가 아닌 이들에게도 익숙한 작품이 많이 있다.

스웨덴 가구회사 이케아(IKEA)는 2014년에 제작한 침대 광고에 '우리는 꿈들이 만들어낸 존재이고, 우리의 짧은 삶은 잠으로 둘러싸여 있다(We are such stuff as dreams are made on, and our little life is rounded with a sleep.)'라는 『템페스트』의 한 구절을 인용하기도 했다.

셰익스피어가 쓴 역사극은 여덟 편으로 『리처드 3세』, 『헨리 5세』 등 왕을 주인공으로 한 작품이 많다. 1890년에는 『헨리 4세』를 읽은 셰익스피어의 팬이 작품에 등장하는 흰점찌르레기(European starling)를 미국에 들여와 뉴욕 센트럴파크에 방사하는 일이 있었는데, 이제는 그 수가 어마어마하게 불어나 북아메리카 전역에만 2억 마리 가량이 서식하게 되었다.

셰익스피어가 쓴 비극은 열한 편으로 『로미오와 줄리엣』, 『줄리어스 시저』, 『햄릿』, 『오셀로』, 『리어왕』, 『맥베스』, 『안토니와 클레오파트라』 등 유명한 작품이 가득하다. 1957년 뉴욕에서 막을 올린 뮤지컬 〈웨스트 사이드 스토리〉도 그의 작품인 『로미오와 줄리엣』을 바탕으로 한 것이다.

일본의 유명한 영화감독 구로사와 아키라도 『맥베스』와 『리어왕』을 원작으로 영화 〈거미의 성〉과 〈란〉을 각각 제작했다. 〈거미의 성〉을 한 번이라도 본 사람은 남편 와시즈 다케토키(맥베스)를 부추겨 주군을 살해하게 한 아내 아사지(맥베스 부인)가 손을 아무리 씻어도 피가 지워지지 않는다며 신음하는 장면에서 아사지 역을 맡은 여배우 야마다 이스즈가 보여준 오싹한 연기를 잊지 못할 것이다. 주군을 살해한 뒤, 와시즈 다케토키 역을 맡은 배우 미후

네 도시로가 공포에 떠는 장면은 영화의 마지막 부분에서 와시즈가 몸에 수십 발의 화살을 맞고 숨을 거두는 장면과 함께 뇌리에 깊이 박힌다.

〈란〉에서는『리어왕』의 세 딸이 세 아들로 바뀌었다. 이러한 설정의 변화는 어리석은 아들들에게 배신당한 아버지가 자신의 발밑이 굉음을 내며 무너져내릴 때 '과연 삶을 어디까지 참고 견딜 수 있는가' 하는 극한의 비극성을 더욱 부각하기 위한 것이다. 영화를 본 관객이라면 불타 무너지는 성을 뒤로 한 채 걸어가는 아버지 역의 배우 나카다이 다쓰야의 무시무시한 표정을 평생 잊지 못할 것이다.

셰익스피어 작품의 진수는 이처럼 시대나 장소를 바꾸어도 그 빛을 잃지 않는다는 점에 있다. 인간의 내면과 외면을 포함한 인간 전체를 그리고 있기에 어딘가를 도려내도 전체가 무너지지 않고 여전히 빛을 낸다. 키츠가 셰익스피어를 시인의 선도자로서 동경한 것도 아마 이러한 이유에서일 것이다.

키츠는 셰익스피어의 위대한 점이 무엇인지 구체적으로 언급하지는 않았다. 아마 이야기하자면 끝이 없다고 생각했기 때문이 아닐까?

이해와 불이해의
미묘한 어둠

셰익스피어가 지닌 능력은 무엇이었을까? 키츠가 셰익스피어에게는 소극적 수용력이 있다고 말했으니 이 점에 대해 생각해보자.

예를 들어 『맥베스』에 나오는 "아름다운 것은 추하고, 추한 것은 아름답다(Fair is foul, and foul is fair. 눈에 보이는 겉모습과 내적 진실은 다를 수 있으며, 세상의 가치 판단을 믿을 수 없다는 뜻_역주)"라는 구절만 보더라도 셰익스피어가 작품을 쓸 때 어떠한 점에 착안했는지 알 수 있다. 그는 세상의 모든 것, 인간의 전체를 고스란히 작품에 옮기려 했다. 심지어 이를 표현하면서 운율을 맞추기까지 했다. 이는 세상의 모습이나 인간의 현실을 묘사하는 행위와는 다르다. 그저 묘사하기만 해서는 결코 현실을 뛰어넘을 수 없다. 셰익스피어는 작품 그 자체가 '현실'이 되는 높은 경지를 지향한 것이 분명하다.

그렇기에 셰익스피어의 모든 작품에는 그의 의견이나 신조가 나타나지 않는다. 불확실성이 큰 덩어리처럼 눈앞에 떨어져 있고, 이를 해석하는 것은 독자의 몫이다. 그러므로 해석하는 관점이나 방향 또한 자연히 다양해질 수밖에 없다. 셰익스피어는 이러한 이해와 불이해의 경계, 독자가 알아차리거나 혹은 못 알아차릴 수도 있는 이 미묘한 어둠에 희미한 한줄기 빛을 드리우는 방법을 택했다. 인간이 지닌 문화적 제약 혹은 상상의 한계의 깊은 곳을 비추려 한 것이다. 그렇기에 독자는 대략적인 줄거리조차 미리 예측하지 못한 채, 일반적인 이해나 예상이 통하지 않는 영역까지 이끌려간다. 그러다 결말에 다다르고 나서야 비로소 정신이 번쩍 들면서 이제껏 자신이 지닌 관점과 생각이 얼마나 낡고 편협한 것이었는지를 깨닫는다.

독자들은 처음부터 끝까지 예측 불가능한 전개에 관심을 갖고, 때로는 마음을 졸이기도 하고 때로는 웃고 울기도 하다가 마지막 순간에 가서야 '아, 그래서 그런 거였구나' 하고 감탄한다.

이러한 독자들의 태도야말로 키츠가 말한 소극적 수용력이라 할 수 있다. 불확실한 상황에서 성급히 결론을 내리지 않고 그 신비롭고 놀라우며 불안정한 상태를 견뎌내는 힘 말이다.

셰익스피어의 작품은 작품 자체도 어둠에 싸여 있다. 맥베스의 부인은 바라던 대로 왕비의 자리에 오르지만 아이는 낳지 못한다. 그런데 부인의 독백 중에 예전에 아기에게 젖을 먹인 적이 있다는 구절이 나온다. 그렇다면 그 아기는 어떻게 된 것일까? 병으로 죽었을까, 아니면 전남편이 있었던 것일까? 혹시 있었다면 누구였을까? 독자는 열심히 상상하게 된다.

맥베스의 부인이 나중에 미쳐버리는 이유가 남편을 꼬드겨 왕을 살해했다는 죄책감 때문이 아니라 다른 이유에서였을 거라는 억측도 할 수 있다. 어쩌면 남편이 둘 사이에서 낳은 아이를 죽인 것이 아닐까? 그 벌로 부인이 더 이상 아이를 낳을 수 없는 몸이 된 것은 아닐까? 부인은 그것을 막지 못한 자신을 한없이 책망하다 결국 정신을 놓아버린 것이 아닐까? 이런 상상도 가능하다. 이처럼 상상이 꼬리에 꼬리를 물고 이어질 만큼 『맥베스』에는 내면의 어둠까지 담겨 있다.

또 충성스러운 장군이었던 맥베스가 세 마녀의 예언을 듣고 탐욕에 사로잡혀 자신의 인생을 망가뜨리는 모습 또한 인생 자체가 지닌 어둠을 표현한다. 결코 바라지 않는 방향으로 어느 사이엔가 흘러가버리는 운명. 그것이 이 작품의 핵심을 이루고 있는 것이다.

마찬가지로 『리어왕』도 인생의 심연에 드리운 어둠을 내포하고 있다. 이 작품은 리어왕과 세 딸의 이야기 옆에 글로스터 백작과 두 아들의 비극을 배치함으로써 어둠이 한층 깊어지게 했다. 리어왕은 첫째 딸 거너릴과 둘째 딸 리건의 번지르르한 말에 속아 두 딸에게 영지를 물려준다. 반면, 말주변이 없는 셋째 딸 코딜리어와는 연을 끊는다.

글로스터 백작도 마찬가지로 간계를 꾸민 둘째 아들 에드먼드의 달콤한 말에 넘어가 그에게 영지를 넘기고, 첫째 아들인 에드거를 추방한다.

그 후 첫째 딸과 둘째 딸이 자신을 냉대하자 리어왕은 잘못된 판단을 내린 것을 후회하며 몽유병자처럼 황야를 떠돈다. 한편 리어왕에게 충성한 글로스터 백작은 아들 에드먼드의 밀고로 리어왕의 둘째 딸 리건과 그녀의 남편 콘월 공작에게 고문을 당해 두 눈알이 뽑히고 만다.

이러한 배신의 이중구조가 인생의 그림자를 더욱 짙게 하고, 독자는 이제 책장을 넘기는 손을 멈출 수 없게 된다. 만약 이 작품을 연극으로 본다면 무대에서 잠시도 고개를 돌리지 못할 것이다.

초라한 꼴이 되어버린 리어왕과 글로스터 백작에게 배신이 아닌 진심을 깨닫게 한 이들은 어릿광대, 리어왕의 시종으로 변장한 켄트 백작, 그리고 자신을 톰이라 부르며 미친 척한 글로스터 백작의 장남 에드거였다.

리어왕을 돕기 위해 구혼자인 프랑스 왕과 함께 군대를 이끌고 온 셋째 딸 코딜리어는 노쇠해진 아버지와 재회한다. 하지만 프랑스군이 영국군에 패하면서 리어왕과 코딜리어는 포로 신세가 된다. 첫째 딸 거너릴은 질투에 사로잡혀 동생 리건을 독살한 후, 스스로 목숨을 끊는다. 글로스터 백작의 둘째 아들 에드먼드는 형 에드거와의 결투 끝에 죽음을 맞는다. 코딜리어는 에드먼드가 죽기 전에 보낸 자객에게 살해당한다. 사랑하는 셋째 딸의 시신을 끌어안은 리어왕은 회한과 절망에 휩싸인 채로 죽음을 맞는다.

『리어왕』은 자식의 달콤한 말에 속아 신세를 망친 리어왕과 글로스터 백작의 이중 플롯, 거듭된 배신, 효심이 깊었던 유일한 딸 코딜리어의 죽음으로 비극성을 극한까지 끌어올린 작품이라 할 수 있다. 이 작품을 본 관객은 인생의 심연을 들여다본 기분이 들어 아마 쉽게 자리를 뜨지 못할 것이다.

게다가 이 작품은 전편이 시적 언어로 이루어져 있다. 키츠가 경의를 표한 것도 이해가 간다. 또 키츠가 이런 셰익스피어의 기량을 소극적 수용력이라 표현한 이유도 알 것 같다. 아마도 셰익스피어는 아무것도 정해지지 않은 상태에서 현실에 있음직한 결말을 하나씩 지워가며 배신이라는 인간 내면의 깊숙한 곳까지 몰래 항해했을 테니 말이다.

『겐지 이야기』의 작가
무라사키 시키부

그렇게 본다면 『겐지 이야기(源氏物語)』를 쓴 무라사키 시키부(紫 式部, 973년경~1014년경)도 셰익스피어에 견줄 수 있을 만큼 소극적 수용력이 뛰어난 사람이지 않았을까?

『겐지 이야기』를 들여다보면 셰익스피어의 작품에 등장하는 다양한 인물들에 필적할 만큼 다채로운 여성이 생생하게 그려져 있다는 점에 놀라게 된다. 아마도 모성에 한해서 만큼은 셰익스피어보다 무라사키 시키부가 더 다양한 인간군상을 표현하지 않았을까 싶다.

무라사키 시키부는 나이 많은 남편이 갑작스레 세상을 뜬 후 딸과 함께 친정에 머물렀을 무렵 『겐지 이야기』를 쓰기 시작했다. 물론 그 전에도 다른 글을 썼을지 모른다. 결혼을 하기는 했지만 남편의 발길이 점차 뜸해지자 세상이 변해가는 모습을 마음 가는 대로 자유롭게 글로 남겼을 것이다.

무라사키 시키부는 어린 시절부터 아버지가 딸로 태어난 것을 안타까워했을 만큼 총명했다. 당시 어느 귀족보다 가나(일본어 글자_역주)와 한자로 쓰인 책을 잘 읽었던 그녀는 하루하루 달라지는 세상과 인간사의 번영하고 쇠퇴하는 모습을 지켜보며 참으로 많은 것을 느꼈을 것이다.

『백씨문집』이나 『사기』, 『문선』 같은 한문 서적과 『법화경』 같은 불경은 물론이고, 『고금집』을 비롯한 칙찬집(왕의 명으로 편찬된 시가집)과 사찬집(민간에서 편찬한 시가집), 사가집(私家集. 개인의 시가집) 같은 시가집 또한 고스란히 그녀의 머릿속에 쌓였다.

또 『화한낭영집』이나 신락가(신사 제례에서 연주되는 노래_역주), 최마악(나라시대의 민요를 헤이안 시대에 가곡화한 곡_역주), 풍속가(일본 고대에 각 지방에 전해져 내려온 노래로, 헤이안 시대에 궁정이나 귀족의 연회에 쓰였다_역주) 같은 가요에도 친숙했으며, 『일본서기』 같은 역사서도 읽었다.

무라사키 시키부를 작가의 길로 이끈 또 다른 장르는 당시 이미 널리 퍼져 있던 옛날이야기였다. 그녀는 가구야히메가 여러 귀

공자에게 구혼을 받는 『다케토리 이야기』, 내용은 전기적이지만 그 안에 장대한 우주관을 담은 『우쓰호 이야기』, 계모가 의붓자식을 괴롭히는 전형적인 이야기인 『오치쿠보 이야기』, 그리고 이제는 세상에 남아 있지 않은 다른 옛날이야기까지도 빠짐없이 읽었을 것이다. 다소 불만을 느끼면서도 말이다. 그런 그녀에게서 '아마 나라면 더 재미있게 썼을 텐데'라는 자부심이 싹텄다 한들 전혀 이상할 것이 없다.

이처럼 교양과 지식을 갖춘 여성이었던 만큼 그녀는 세상 풍파에 휩쓸렸을 때도 그저 한탄만 하고 있지는 않았을 것이다.

작품과 작자의 밀접한 관계를 알기 위해 무라사키 시키부의 삶을 조금 더 살펴보겠다.

무라사키 시키부는 철이 들기도 전에 어머니를 잃었다. 아마 그녀는 어머니의 얼굴을 몰랐을 것이다. 한 살 터울인 언니와 그녀, 그리고 그녀보다 네 살 어린 남동생까지 세 남매를 키운 것은 아버지였다. 그녀의 아버지는 왕세자가 첫 수업을 받는 의식을 치를 때 곁에서 시중을 든 것을 계기로 왕세자의 측근이 되었다. 그 후 왕세자가 천황의 자리에 올라 가잔(花山) 천황이 되었을 무렵이 그녀 아버지의 인생은 절정기였다. 천황의 비서 역할인 장인(蔵人)에 이어 식부성(문관의 인사고과·예식·서임 등을 관장_역주)의 대승(식부성에서 상위 네 번째에 해당하는 관직_역주)에 임명되었다.

그러나 가잔 천황이 즉위한 지 2년이 채 되기도 전에 퇴위하자,

당시 마흔 살이던 그녀의 아버지는 관직을 잃고 말았다. 그 후 10년 동안 무라사키 시키부의 가족은 간신히 입에 풀칠할 정도의 어려운 생활을 이어갔다. 한창 생기발랄해야 할 소녀시절부터 구혼을 받을 만큼 성숙한 여인이 될 때까지 그녀가 경험한 이 힘든 시기는 그녀의 인생관에 그늘을 드리웠을 것이다. 남성과 혼담이 몇 번 오갔으나 혼인으로는 이어지지 않은 채 스무네 살을 맞았을 무렵, 시키부는 한 살 위인 언니를 잃었다. 언니는 여러 면에서 시키부의 마음을 편안하게 해주는 존재였다. 어머니에 이어 그런 소중한 언니까지 잃은 시키부가 느꼈을 상실감이 얼마나 컸을지 쉽게 상상할 수 있다.

스물일곱 살이 된 시키부는 그해 겨울 발령받은 아버지를 따라 에치젠(교토 북쪽인 일본의 서부지역 해안 지방에 있던 지명_편집자 주)으로 향했다. 니우 군에 위치한 지방관청 소재지에 들어갔는데 5~6일은 족히 걸리는 초겨울의 긴 여행이었지만 시키부는 그때 처음으로 시골 풍경을 접했다.

에치젠에서 겨울을 두 번 보낸 시키부는 봄이 되자 아버지를 남겨 둔 채 홀로 수도인 헤이안쿄(지금의 교토)로 갔고, 얼마 후 결혼했다. 오래 알고 지낸 후지와라노 노부타카(藤原 宣孝)에게 여러 통의 구혼 편지를 받고 이를 승낙할 생각으로 수도에 간 것으로 보인다.

아버지의 친구이기도 했던 노부타카는 시키부보다 열일곱 살

연상으로, 이미 최소 세 명의 여성 사이에서 다섯이나 되는 자식을 낳은 상태였다. 시키부는 아마 자신의 늦은 나이를 생각해 반쯤 포기한 심정으로 한 결혼이었을 것이다.

그러나 결혼한 지 얼마 지나지 않아 남편은 부젠노쿠니(지금의 규슈 일대)에 위치한 우사신궁의 봉폐사(신궁이나 신사에 공물을 바치는 칙사_역주)로 임명되었다. 우사신궁에 봉폐사 파견은 3년에 한 번이었다. 마침 이 무렵 수도에서는 천연두 유행, 궁궐 소실, 도적 출몰, 적국으로부터 지방 관청 급습 등 여러 재난이 이어졌다.

남편이 집을 비운 동안, 시키부는 딸을 출산하고 아이의 이름을 겐시(賢子)라 지었다. 서른 살에 낳은 첫 아이였으니 더욱 기뻤을 것이다. 하지만 우사신궁에서 돌아온 남편은 시키부를 점차 멀리했다. 그녀는 다른 여성의 거처를 드나드는 남편을 원망하는 나날이 계속되있다.

시키부가 친정집에서 홀로 딸을 키우던 중에 드디어 4년간의 임기를 마친 아버지가 에치젠에서 돌아왔다. 하지만 기쁨도 잠시, 남편 노부타카가 유행하던 전염병에 걸려 갑자기 세상을 떠났다. 결국 그녀의 결혼은 3년도 채 되지 않아 끝나고 말았다.

그 후 천황의 중궁(中宮. 정실인 황후와 동격 혹은 다음가는 지위에 해당_역주)이던 쇼시(彰子)를 모시는 궁녀가 되기 전까지 약 4년 동안 그녀는 과부로 살았다. 그 기간 동안 그녀에게 구혼자가 여럿 나타나기도 했으나, 이를 수락한 흔적은 없다. 그녀는 그렇게 아버지의 곁에서 딸을 키우며 조용한 나날을 보냈다.

　그녀가 『겐지 이야기』를 쓰기 시작한 것은 아마 이 시기였을 것이다. 시키부에게는 이미 차고 넘칠 정도로 많은 인생 경험이 있었다. 더군다나 그녀의 머릿속에는 그동안 읽은 수많은 사서와 일기, 이야기들이 남아 있었다.

　아마 반세기 전에 쓰인 『가게로 일기』와 동시대에 나온 『이즈미 시키부 일기』 같은 여성들의 일기가 그녀의 집필 의욕을 한층 자극했을 것이다.

　후지와라 미치츠나의 어머니가 쓴 『가게로 일기』는 결혼, 임신, 출산, 남편의 배신 같은 현실의 삶을 그대로 담은 작품으로, 기존의 일본 문학에는 존재하지 않은 내면소설, 이른바 사소설(私小説)이다.

　『이즈미 시키부 일기』는 자신의 연애 경험을 적나라하게 기록한 사소설로, 유려한 필치가 돋보이는 작품이다. 동시대를 살아가는 사람으로서 무라사키 시키부가 경쟁의식을 느꼈다고 해도 전혀 이상하지 않다.

　여러 사서를 독파한 시키부에게는 큰 불만이 하나 있었다. 남성이 쓴 역사서는 겉으로 드러난 사실만을 그대로 적었을 뿐, 사람들의 생생한 모습이 전혀 나와 있지 않았다. 그래서 시키부는 좀 더 인간미가 느껴지는 역사 이야기를 자신이 직접 쓰겠다고 마음먹었다. 그때 그녀의 뇌리를 스친 것이 인생의 슬픔을 노래한 『가게로 일기』와 유려한 필치의『이즈미 시키부 일기』였던 것이다.

『겐지 이야기』의
큰 줄거리

　　　　400자 원고지로 2,500여 장에 달하는 이야기가 드디어 시작되었다.

"어느 천황이 다스리던 때였을까요? 여어와 갱의 등 천황을 모시는 수많은 후궁 가운데, 그리 고귀한 신분은 아니었지만 유독 천황의 총애를 받는 갱의가 있었습니다"라며 시작하는 제1권 "기리쓰보"의 막이 오른 것이다(여어女御는 황후와 중궁을 제외한 일반 후궁 중에 제일 높은 신분이고, 갱의更衣는 원래 천황의 옷을 갈아입히는 궁녀를 뜻했으나 이후 후궁을 가리키게 되었다. 여어 다음 가는 지위_역주).

시키부는 이 이야기(책)를 쓸 때 범상치 않은 줄거리를 선택했다.

기리쓰보 천황의 제2황자로 태어난 주인공 히카루 겐지(光源氏)가 아버지의 젊은 후궁 후지쓰보와 밀통하고, 그 둘 사이에서 태어난 아이가 훗날 황위에 오르는 것이 이 책의 기본 골격이다.

또한 이야기 초반에 비록 고귀한 신분은 아니지만 유독 천황의 총애를 받았다고 소개된 갱의는 주인공 히카루 겐지의 생모다. 하지만 그녀는 여어를 비롯한 다른 후궁들의 질투를 받다가 주인공이 세 살 되었을 무렵 세상을 떠나고 말았다.

기리쓰보 천황은 죽은 갱의를 잊지 못했다. 선대 천황의 넷째 황녀인 후지쓰보를 입궁시킨 것도 죽은 갱의를 닮았다는 이유에서였다. 마찬가지로 히카루 겐지가 후지쓰보를 사모한 것도 그녀에게서 죽은 어머니의 그림자를 쫓았기 때문이었다.

겐지의 아버지는 아마도 자신들의 밀통을 눈치 채고 있을 것이고, 훗날 즉위할 자신들의 아들 또한 언젠가는 출생의 비밀을 알게 될 것이다. 히카루 겐지와 후지쓰보는 평생 이런 죄의식을 안고 살아야만 한다. 실로 교묘하고도 복잡한 이야기의 서막에 독자는 도저히 책을 손에서 놓을 수 없게 된다.

이 기본 설정을 염두에 두고 『겐지 이야기』의 구조를 살펴보자. 전체 이야기를 이루는 세로축 가운데 하나는 기리쓰보 천황 – 스자쿠 천황 – 레이제이 천황 – 금상(현재의 천황)에 이르는 황위의 흐름이다. 기리쓰보 천황과 고키덴 여어(훗날 황태후) 사이에 태어난 자식이 스자쿠 천황이다. 기리쓰보 천황과 또 다른 아내 기리쓰보 갱의 사이에서 태어난 아들이 히카루 겐지다. 하지만 기리쓰보 갱의는 겐지가 세 살일 무렵 세상을 떠난다. 기리쓰보 천황이 새로 맞은 아내가 후지쓰보이며, 그녀는 겐지와 밀통해 회임하고 황자를 낳는다.

스자쿠 천황은 겐지의 이복형이다. 그리고 레이제이 천황이 바로 겐지와 후지쓰보가 밀통해 낳은 자식이지만, 표면적으로는 어디까지나 기리쓰보 천황의 황자로 간주된다. 금상은 스자쿠 천황의 아들이다. 『겐지 이야기』의 정편(正編)에 등장하는 천황은 이네 명이다.

또 다른 세로축은 겐지가 정실로 맞는 여성이다. 그의 첫 번째 아내는 좌대신(조정의 중심 기관인 태정관에서 태정대신 다음가는 직책_역주)의 딸 아오이였다. 겐지보다 네 살 연상으로, 부모끼리 정한 결혼이었다. 아오이 부인은 아들 유기리를 낳지만, 겐지의 애인인 육조 미야스도코로(육조 미야스도코로는 이전에 죽은 동궁의 비로, 육조에 위치한 저택에 살아 육조 미야스도코로라 불리게 되었다_역주)의 생령에 시달리다 결국 죽음을 맞는다.

그 후 겐지는 어린 무라사키를 아내나 다름없는 존재로 맞아들인다. 하지만 둘 사이에서 계속 아이가 태어나지 않자 겐지는 서른아홉의 늦은 나이에 스자쿠 천황의 딸이자 당시 열세 살이던 온나산노미야와 재혼한다. 물론 무라사키와의 관계는 계속 유지한다.

지금까지 말한 두 개의 세로축과 절묘하게 교차하는 가로축이 겐지의 정실 아오이 부인의 오빠인 두중장(頭中將. 천황의 수석비서에 해당하는 장인두와 근위부 차관인 근위중장을 겸임한 자를 가리키는 호칭_역주)이라는 인물이다. 두중장은 겐지의 연애를 늘 방해하는 훼방꾼 노릇을 하면서도 겐지와 군은 신뢰를 지켜나간다. 두중장이라는 가로축이 없었다면 작품 전체가 매우 가벼워졌을 것이다.

그리고 자유분방하다 못해 때로는 오만할 정도로 여성에게 노골적으로 구애하는 겐지의 적으로 등장하는 인물이 고키덴 황태후와 그녀의 아버지인 우대신(조정의 최고 기관인 태정관의 한 직책으로, 태정대신·좌대신과 함께 삼공으로 불렸다_역주)이다. 그들은 겐지의 방약무인한 행동에 눈살을 찌푸리고, 겐지가 잘못이라도 저질러 실각할 기회만을 호시탐탐 노린다.

그러던 중 겐지는 스자쿠 천황의 총애를 받는 오보로즈키요와 몰래 밤을 보내다가 우대신에게 발각되고 만다. 오보로즈키요는 우대신의 딸이자 고키덴 황태후의 여동생이기도 하다. 겐지에게 그야말로 위기가 닥친 것이다. 겐지는 적에게 당하기 전에 스스로 스마(지금의 고베)에 내려가 은둔하기로 결심한다. 겐지가 스마에서 보내는 생활은 이야기 후반에 색다른 분위기를 불어넣는다.

이야기의 전개에 또 다른 원동력이 되고 있는 생령과 사령의 역할도 있다. 황녀가 새 재원(斎院. 신사에 봉사한 황녀_역주)이 되는 의식을 치르던 축제날, 겐지의 애인 육조 미야스도코로와 겐지의 정실 아오이 부인의 수행원이 수레를 세우는 자리를 놓고 다투다 육조 미야스도코로가 크게 망신을 당하는 일이 생긴다. 그 일로 아오이 부인을 원망한 육조 미야스도코로의 생령이 아오이 부인의 몸에 들어가고, 아오이 부인은 결국 숨을 거둔다.

겐지보다 일곱 살 연상이었던 육조 미야스도코로는 죽은 후에도 사령이 되어 겐지의 연애를 방해하려 든다. 겐지의 재혼 상대인 온나산노미야는 가시와기와 밀통하고 결국 둘 사이에서 아들

가오루가 태어난다. 죄책감을 이기지 못한 온나산노미야는 스물세 살의 젊은 나이에 출가하는데, 이때도 육조 미야스도코로의 사령이 힘을 발휘한다.

또 이 이야기에는 생령이나 사령과는 별도로, 죽은 자의 영혼이 꿈에 나타나기도 한다. 이 또한 이야기를 전개시키는 원동력이 된다는 점에서 셰익스피어의 작품과 통하는 부분이 있다.

겐지가 스마에 내려가 은둔할 당시, 아버지인 기리쓰보 천황의 영혼이 꿈에 나타나 이런 곳에 있지 말고 수도로 돌아가라고 말한다. 기리쓰보 천황의 영혼은 겐지의 이복형인 스자쿠 천황의 꿈에도 나타나 겐지를 스마로 쫓아낸 것을 질책한다. 결국 겐지는 사면을 받고 수도로 돌아온다.

시키부는 이처럼 긴박하고 용의주도하게 구조와 정황을 설정한 뒤, 거침없이 글을 써내려갔다. 하지만 결코 서두르지는 않았다. 계모 후지쓰보와 밀통하는 겐지는 눈이 부실 정도로 잘 생긴 미남이자 선천적으로 여색을 밝히는 인물이다. 하지만 결코 천박하지는 않으며, 교양과 자애가 넘치는 이상적인 남성이다. 여성편력이 화려하다 해도 전혀 위화감이 느껴지지 않아 이야기를 읽는 독자들은 겐지의 행동을 거부감 없이 받아들인다.

겐지를 둘러싼
수많은 여성들

　　겐지의 성장 과정은 제1권 "기리쓰보"에서부터 나오기 시작한다. 겐지는 열두 살에 관례를 치른 후, 자신보다 나이가 많은 아오이와 결혼한다. 하지만 자존심이 센 아내와의 사이는 서먹서먹하기만 하고, 아버지가 사랑하는 후지쓰보 여어를 사모하는 마음만 깊어져 간다.

　　'비 내리는 밤의 여인 품평회'로 유명한 제2권 "하하키기"(뜻은 멀리서 보면 빗자루가 서 있는 것처럼 보이지만, 가까이 다가가면 보이지 않는다는 전설 속의 나무_역주)는 겐지의 성장 과정을 다룬 제1권과 함께 이야기의 기점을 이룬다. 겐지가 궁중에서 숙직하는 곳에 아오이 부인의 오빠인 두중장과 다른 친구들이 찾아와 신분에 따른 여성론을 펼치기 때문이다. 이날을 계기로 겐지는 아직 만나 본 적이 없는 중류 여성(상류, 중류, 하류로 나눌 때 중류 귀족 여성_역주)에 관심을 보이기 시작한다.

　　그리고 겐지는 다른 사람의 아내인 우쓰세미와 강제로 관계를 맺는다. 우쓰세미를 잊지 못하게 된 겐지는 그녀의 침소에 몰래 숨어들지만, 우쓰세미는 그 자리를 몰래 피해버린다. 그러자 겐지는 그곳에서 자고 있던 우쓰세미의 의붓딸 노키바노오기와 하룻밤을 보낸다. 이 내용이 제3권 "매미 허물"에 해당한다.

제4권 "박꽃"에서 겐지는 유모의 병문안을 갔다가 이웃집 여자 유가오를 알게 되고, 그 후 그녀의 집을 드나들게 된다. 얌전하고 순진한 유가오가 마음에 든 겐지는 사람이 살지 않는 인근 별장에서 그녀와 밤을 보내는데, 그날 유가오가 갑자기 숨을 거둔다. 겐지는 유가오가 죽은 뒤에야 사실 그녀가 두중장의 정부이며 세 살짜리 딸이 있다는 사실을 알게 된다.

제5권 "어린 무라사키"에서 겐지는 드디어 사모하던 후지쓰보와 밀회를 나눈다. 그리고 열여덟 살이 된 겐지는 북산에 사는 고승을 찾아갔다가 후지쓰보를 닮은 소녀 무라사키를 처음 만나게 된다. 알고 보니 그 소녀는 후지쓰보의 조카였다. 한편 겐지와 밀회를 나눈 후지쓰보가 임신한 사실을 알아차리면서 사태는 걷잡을 수 없는 방향으로 흘러간다. 겐지는 어린 무라사키를 자신의 집으로 데려온다.

제7권 "단풍놀이"에서 겐지는 아버지인 기리쓰보 천황과 후지쓰보가 참석한 자리에서 단풍잎이 떨어지는 가운데 춤을 선보여 사람들로부터 찬사를 받는다. 하지만 후지쓰보와 겐지는 밀회를 나누었다는 죄의식 때문에 괴로워한다. 얼마 후 후지쓰보가 겐지를 쏙 빼닮은 아이를 출산한다. 아무것도 모르는 아버지 기리쓰보 천황은 갓난아기를 안고 크게 기뻐한다.

후지쓰보가 낳은 황자는 언젠가 동궁(東宮. 황태자)이 될 것이라 여겨지고, 후지쓰보는 정식으로 중궁의 자리에 오른다. 겐지 역시 참의(태정관에서 중납언보다 한 단계 낮은 관직으로, 참의로 15년 이상 근무하면 중납언으로 승진할 수 있는 자격을 얻었다. 참의의 중국식 명칭이 재상이었기에 참의로 임명된 사람을 재상이라 불렀으나, 황제를 보좌하는 최고위 관리를 뜻하는 것은 아니었다_역주)의 자리에 오른다.

제8권 "꽃놀이"에서도 겐지가 벚꽃 아래에서 춤을 추고 시를 낭독하는 장면이 나온다. 그날 밤 겐지는 이름도 알지 못한 채로 오보로즈키요와 밀회를 나눈다.

제9권 "접시꽃"에서는 아버지 기리쓰보 천황이 물러나고, 겐지의 이복형이 왕위에 올라 스자쿠 천황이 된다. 그리고 후지쓰보가 낳은 겐지의 자식이 동궁이 된다. 한편 겐지의 정실 아오이 부인은 아들 유기리를 낳은 뒤, 육조 미야스도코로의 생령에게 시달리다 요절하고 만다. 육조 미야스도코로는 예전에 아오이 부인의 수행원에게 망신을 당한 적이 있어 그녀를 원망하고 있었던 것이다.

아오이 부인의 사십구재를 치르고 나서야 겐지는 비로소 무라사키와 첫날밤을 보낸다.

이어지는 제10권 "비쭈기나무"에서는 아버지 기리쓰보 선황이 숨을 거둔다. 그리고 선황의 1주기 법요식이 열리던 날, 후지쓰보가 출가한다. 선황의 서거 후, 겐지를 실각시키려는 세력이 점차 힘을 얻는다. 그런데도 겐지는 여전히 오보로즈키요와 밀회를 거듭하다 결국 우대신에게 들키고, 그 사실이 고키덴 황태후에게까지 전해진다.

제11권 "꽃 지는 마을"에서 겐지는 염세에 빠져 출가까지 생각하지만 이내 단념한다. 그리고 기리쓰보 선황의 후궁이었던 레이케이덴 여어에게 문안을 갔다가 그 여동생 하나치루사토와 밀회를 나누며 옛 추억에 잠긴다. 그러던 겐지가 제12권 "스마"에서 마침내 스마에 내려가 은거하기로 결심한다.

겐지가 스마에 내려오자 인근 아카시 해변에 살던 뉴도는 자신의 딸을 겐지와 만나게 하려 애쓴다. 그 무렵, 두중장이 겐지를 찾아온다. 소문을 두려워해 아무도 겐지를 찾지 않는 상황에서 이처럼 당당히 겐지를 만나러 온 두중장에게서 진정한 우정을 엿볼 수 있다. 당시 두중장은 재상중장(참의와 근위중장을 겸임한 자_역주)이 된 상태였다.

제13권 "아카시"에서 뉴도는 계획한 대로 자신의 딸을 겐지와 만나게 하고 그 딸이 겐지의 아이를 갖게 된다. 그 무렵 스자쿠 천황의 꿈에 죽은 기리쓰보 선황이 나타난다. 놀란 스자쿠 천황은 겐지를 다시 수도로 불러들인다. 겐지는 임신한 정인을 남겨둔 채, 2년 4개월 만에 수도로 돌아온다.

수도로 돌아온 겐지는 권대납언(정원 외의 대납언)에 임명된다. 그리고 기리쓰보 선황의 자식으로 알려져 있지만 사실은 겐지의 자식인 동궁이 관례를 치르고 스자쿠 천황의 뒤를 이어 레이제이 천황이 된다. 겐지는 내대신(태정관에서 우대신보다 한 단계 낮은 직책_역주)의 자리에 오르고, 두중장도 재상중장에서 권중납언으로 승진한다.

제14권 "수로 말뚝"에서 아카시의 정인이 여자아이를 출산한다. 겐지는 이들 모자를 수도로 부를 준비를 한다. 한편 오랫동안 겐지의 정부였던 일곱 살 연상의 육조 미야스도코로가 병에 걸린다. 미야스도코로는 출가를 결심하지만 얼마 지나지 않아 세상을 뜨고 만다.

제15권 "무성한 쑥"은 여색을 밝히는 겐지에게서 진정성을 엿볼 수 있는 중요한 편이다.

수도로 돌아온 지 반 년이 지났을 무렵, 겐지는 오랜 연인 하나치루사토를 만나러 가는 도중에 황폐한 저택 앞을 지난다. 그런데 그 저택이며 주변의 나무가 왠지 낯익었다. 그곳은 예전에 겐지가 호기심에 잠시 드나든 적이 있는 스에쓰무하나의 저택이었다. 그 당시에도 빈궁한 기색이 엿보이기는 했지만, 오늘 막상 정원에 들어서니 폐허나 다를 바가 없었다. 소나무도 하늘을 향해 쭉 뻗어 있었다.

스에쓰무하나는 너무나도 궁핍한 나머지 하인들이 하나둘씩 떠나는 상황에서도 줄곧 겐지가 자신을 다시 찾아오기만을 기다리고 있었다. 그녀가 겐지와 처음 만난 것은 겐지가 열여덟 살이었을 때로, 이미 10년이 훌쩍 지난 시점이었다. 겐지는 비록 아름답지는 않지만 자신만을 줄곧 기다려온 스에쓰무하나의 마음에 감동해 그녀를 극진히 보살피기로 결심한다.

제16권 "관문"에서는 겐지가 마음에 두었던 우쓰세미가 남편이 죽은 뒤 출가한다.

제17권 "그림 겨루기"에서는 레이제이 천황의 후궁으로 들어간 육조 미야스도코로의 딸 우메쓰보 여어와 권중납언의 딸 고키덴 여어가 레이제이 천황 앞에서 자신들이 소장한 그림을 내놓고 겨룬다. 승패를 결정지은 것은 겐지가 스마에 내려가 은둔하던 시절 그린 그림일기로, 이 그림을 내놓은 우메쓰보 여어가 승리하여 미묘한 상황이 연출된다.

제18권 "솔바람"에서 겐지는 아카시의 정인이 낳은 자신의 딸과 하나치루사토를 자신이 살고 있는 이조원으로 데려온다.

제19권 "실구름"은 레이제이 천황이 자신의 출생의 비밀을 알아차리는 장이다. 겐지가 자신의 아버지라는 사실을 알게 된 레이제이 천황은 겐지에게 양위하려는 뜻을 비친다. 그런 레이제이 천황을 보고 겐지는 후지쓰보와의 일을 천황이 알아차린 것은 아닌지 불안해한다. 그럼에도 여색을 밝히는 겐지의 버릇은 나아질 줄 모른다.

제20권 "나팔꽃"에서는 아사가오를 연모하여 무라사키 부인에게 원망을 듣는 겐지가 그려진다.

제21권 "무희"에서는 겐지와 아오이 부인 사이에서 태어난 아들 유기리가 관례를 치른다. 또 겐지가 후견인을 맡고 있는 우메쓰보가 중궁의 자리에 오르고, 겐지도 태정대신으로 승진한다. 과거 두중장이었던 권중납언 역시 이제는 내대신이 되어 자신의 딸 구모이노카리를 동궁의 후궁으로 들여보내려고 한다. 이 무렵 겐지는 육조에 육조원이라는 저택을 새로 짓고, 여기에 무라사키 부인, 하나치루사토, 아카시의 부인 등을 들여 살게 한다.

제22권 "머리 장식"에 등장하는 다마카즈라는 겐지와 밤을 보내다 갑자기 죽은 유가오의 딸이다. 그녀의 아버지는 과거 두중장이자 지금의 내대신이다. 다마카즈라는 어머니가 죽은 뒤 유모의 가족들과 함께 다자이후로 내려가 살다 어른이 된 후 수도로 올라온다. 그 미모를 전해들은 겐지는 다마카즈라를 육조원으로 불러들인다.

제23권 "꾀꼬리의 첫 울음소리"에는 육조원에서 영화가 최고조에 달한 겐지의 모습이 나온다. 무라사키 부인을 사랑하는 마음은 변함이 없지만, 그와 동시에 아카시의 부인, 하나치루사토, 그리고 다마카즈라를 사모하는 마음 또한 깊어진다.

제24권 "나비"에서 겐지는 다마카즈라를 향한 깊은 마음을 드러낸다. 그런 겐지의 고백을 들은 다마카즈라는 괴로워한다. 제25권 "반딧불"에서 겐지는 다마카즈라의 주변에 반딧불이를 풀어 그녀의 아름다움이 반딧불에 한층 도드라지게 한다. 그리고 제26권 "패랭이꽃"과 제27권 "화톳불"에서는 다마카즈라의 흔들리는 마음이 시로 표현된다.

제28권 "태풍"에서 겐지의 아들 유기리는 무라사키 부인을 처음 보고 그 아름다움에 넋을 잃고 만다. 한편 제29권 "행차"에서는 높은 신분의 남성들에게 구애를 받던 다마카즈라가 친아버지인 내대신을 처음으로 보게 된다.

제30권 "등골나무"에서는 다마카즈라가 레이제이 천황의 상시(천황의 명령을 하달하고 후궁의 예식 등을 관장하는 내시사의 장관급 직위_역주)로 입궁하기로 결정된다. 그런 다마카즈라를 검은 턱수염 우대장이 갑작스럽게 자신의 아내로 맞아들이는 내용이 제31권 "노송나무 기둥"에 나온다. 그 소식을 듣고 화가 난 우대장의 정실은 딸 마키바시라를 데리고 친정으로 돌아가버린다. 다마카즈라를 향한 겐지의 마음은 결국 결실을 맺지 못한 채 끝나고 만다.

제32권 "매화나무 가지"에서는 겐지와 아카시의 부인 사이에서 태어난 딸이 동궁의 후궁으로 입궁하기로 정해진다. 제33권 "능나무 어린 잎"은 유기리가 오랫동안 사모해온 내대신의 딸 구모이노카리와 드디어 사랑의 결실을 맺는 장이다.

반대로 제34권 "봄나물 (상)"과 "봄나물 (하)"에서는 스자쿠 상황의 딸이자 겐지의 정실이 된 온나산노미야가 과거 두중장이었던 태정대신의 아들 가시와기와 관계를 맺고 그의 아이를 갖게 된다. 온나산노미야가 가시와기의 아들을 낳고, 겐지가 그 사실을 알면서도 자신의 아들로 삼고 가오루라 이름 짓는 내용이 제36권 "떡갈나무"에 나온다. 죄책감에 시달린 온나산노미야는 결국 출가하고, 가시와기는 앓다가 숨을 거둔다.

제37권 "젓대"에서 겐지의 아들 유기리는 가오루의 출생의 비밀을 눈치 챈다. 제38권 "방울벌레"에서 온나산노미야는 출가했음에도 여전히 괴로워한다.

제39권 "저녁 안개"는 유기리가 죽은 가시와기의 아내 오치바노미야와 밀회를 즐긴다. 이 일을 알게 된 아내 구모이노카리는 친정으로 돌아가버린다.

제40권 "법회"에서 무라사키 부인이 병으로 숨을 거둔다. 그리고 제41권 "환술사"에서 겐지의 출가와 그의 죽음이 암시된다.

그 후 이야기는 겐지 이야기의 마지막 열 편에 해당하는 "우지 10권"으로 흘러간다(우지는 교토 남부에 있는 도시_역주). 온나산노미야가 가시와기와 밀통해 낳은 아들 가오루와 레이제이 천황의 셋째 아들 니오노미야가 우지에서 우키후네를 둘러싸고 연적이 되는 이야기다. 레이제이 천황이 후지쓰보와 겐지 사이에서 태어난 자식이므로, 니오노미야는 겐지의 손자인 셈이다. 어느 날, 니오노미야가 가오루인 척하고 우키후네를 찾아가 관계를 맺는다. 그 후 우키후네도 니오노미야에게 빠져들지만 결국 가오루를 배신한 죄책감에 괴로워하다 강물에 몸을 던진다. 하지만 우키후네는 목숨을 건지게 되고 그녀의 출가를 마지막으로 모든 이야기가 끝난다.

무라사키 시키부의
소극적 수용력

      이렇게 줄거리를 간략히 살펴보기만 해도 이야기의 뛰어난 구성과 다양한 인물 묘사, 그리고 인물들 사이에서 일어나는 절묘한 갈등에 감탄하게 된다. 게다가 그 어떤 인물도 살인이나 처형을 당하거나 자살하지 않는다. 병사하거나 원령에 시달려 죽는 것이 고작이다.

  이 이야기의 주인공은 당연히 서양의 전설적인 바람둥이 돈 후안의 동양판이라 할 수 있는 겐지다. 하지만 이야기를 다 읽고 나면 겐지가 과연 어떤 인물이었는지 전체적인 모습을 명확히 떠올릴 수가 없다. 오히려 겐지의 주위에서 빛을 발하다 사라져간 여성들이 더 기억에 오래 남는다. 주인공 겐지는 이러한 여성들이 빛날 수 있도록 차례차례 무대에 등장시키는 조력자 역할을 한 것이 아닐까 하는 생각마저 든다.

  무라사키 시키부가 붓을 든 이유는 남성이 쓴 딱딱한 역사서에 대항해 인간적인 모습을 생생히 담은 이야기를 쓰고 싶었기 때문이었다. 여성인 무라사키 시키부는 남성의 그늘에서 빛을 발하고 사라져간 여성들이야말로 그러한 이야기에 걸맞은 주인공이라 느꼈을 것이다.

  그녀가 겐지 이야기에 등장하는 수많은 여성들을 그토록 세심하게 표현한 데에는 이제껏 역사에 기록되지 않고 사라져간 여성들을 존경하고 사모하는 마음이 담겨 있으리라 생각한다. 그렇기에 작가의 오마주가 이야기 속 여성들의 모습 곳곳에 숨어 있다.

주인공 겐지를 통해 이야기를 이끌어가면서 개성적인 여성들을 차례차례 등장시키고, 그 여성들의 정념과 운명을 통해 인간을 그려내는 작가의 힘이야말로 소극적 수용력이라 할 수 있다. 어떻게 보면 겐지 자체가 소극적 수용력의 구현자인 셈이다. 이러한 불확실한 상태를 견뎌내는 주인공의 힘이 없었다면 이 이야기는 단순히 여자를 낚는 이야기가 되었을 것이다.

그렇기에 셰익스피어가 쓴 희극이나 비극, 역사극의 위대함이 『겐지 이야기』한 권에 전부 압축되어 있다고 단언할 수 있다. 단지 차이가 있다면 셰익스피어가 시적 언어를 구사한 데 반해 무라사키 시키부는 와카(和歌. 일본의 사계절과 남녀의 사랑을 노래한 5·7·5·7·7의 31자로 된 일본의 정형시_역주)를 넣어 글을 썼다는 점이다. 세상의 변화와 개인의 흥망성쇠, 인간의 증오와 사랑, 죄 등이 와카에 뒤섞여 있어 독자에게 감동을 선사한다. 만약 키츠가 『겐지 이야기』를 읽었다면 소극적 수용력을 훌륭하게 발휘한 작가로 무라사키 시키부를 지목하지 않았을까?

집필 당시부터
자자했던 칭찬

　　무라사키 시키부가 과부 시절『겐지 이야기』의 앞부분을 썼을 때부터 이미 재미있다는 소문이 주위에 퍼졌을 것이다. 그 소문을 들은 후지와라노 미치나가 (966-1028. 헤이안 시대는 천황을 섭정하는 세력이 있는 섭정정치 시대였다. 섭정을 통해 천황보다 큰 권력을 차지했던 후지와라노 가문의 한 사람인 후지와라노 미치나가는 그중에서 최상의 권력을 누렸다.『겐지 이야기』에서 천황이 자주 바뀐 것은 후지와라노 미치나가가 권력 유지를 위해 천황을 계속 바꾸었기 때문이다._편집자 주)는 무라사키 시키부에게 자신의 딸이자 이치조 천황의 중궁인 쇼시를 모시는 궁녀로 들어가 달라고 요청한다. 그녀가 서른여섯 살일 때였다.

　궁에 들어간 시키부는 후지와라노 미치나가의 어마어마한 권세와 궁정에서 벌어지는 다양한 인간사와 행사 등을 눈으로 직접 확인할 수 있는 기회를 얻게 된다. 이러한 경험 덕분에『겐지 이야기』에 더욱 풍성하고 화려한 디테일과 다양한 인물을 담을 수 있게 되었을 것이다.

　미치나가도 시키부가 써 내려가는 이야기에 관심을 보이고, 더욱 격려했다고 한다. 집필에 필요한 고급 용지도 미치나가가 마련해주었을 것으로 보인다. 시키부는 그때까지 쓴 초고를 다듬어 새

종이에 정성스레 옮겨 적었을 것이다. 종이도 넉넉한 데다 미치나 가뿐만 아니라 중궁 쇼시까지 자신의 글을 읽어준다고 하니 시키부는 창작욕이 불타올랐을 것이다. 남은 것은 여색을 밝히는 주인공의 마음이 향하는 대로 다양한 여성상을 이야기 속에 넣어 자세히 묘사하는 일뿐이었다.

조신하면서도 강인한 후지쓰보, 총명하고 겸손한 아카시의 부인, 천진난만하고 정숙한 무라사키 부인, 지존심이 센 아오이 부인, 여성적인 매력이 가득한 우쓰세미, 미인이기는 하지만 조심성이 없는 노키바노오기, 악의가 없는 유가오, 남성이 좋아할 만한 매력을 갖추었음에도 자신의 길을 가는 오보로즈키요, 미인은 아니지만 심지가 곧은 스에쓰무하나, 늘 뒤에서 겐지를 돕는 온화한 성품의 하나치루사토, 애교는 많지만 교양이 부족한 오미 아씨, 남편 유기리를 마음대로 휘두르는 구모이노카리, 쾌활하고 총명한 다마카즈라, 기품은 있으나 분별력이 떨어지는 온나산노미야, 세속적인 것을 모르는 순진한 우키후네 등 다양한 여성이 이야기에 등장한다.

시키부는 이러한 여성들의 모습을 통해 그 시대를 생생히 그려낸다. 이야기를 서둘러 전개하지 않고, 온갖 세상사를 유심히 관찰하며 여성들의 행동을 끈질기게 따라갔다고 할 수 있다. 그 결과 헤이안 시대의 일본을 무대로 한 이야기임에도 시공을 초월한 보편성을 획득했다.

『겐지 이야기』는 그 후로도 일본뿐만 아니라 전 세계를 매료시켰고, 지금도 여전히 많은 일본인들이 『겐지 이야기』를 연구하고 있다. 제2권 '하하키기'를 연구한 논문만도 1892~1998년 사이에 나온 것이 무려 275편에 이른다. 제6권 "잇꽃"을 연구한 논문도 1895~1998년 사이에 167편이나 나왔다. 이처럼 『겐지 이야기』는 무한한 매력을 발산하고 있다.

프랑스 작가
마르그리트 유르스나르의 찬사

『겐지 이야기』에 매료된 일본 작가는 수없이 많다. 시중에 나와 있는 다양한 현대어 번역서만 보더라도 그 사실을 알 수 있다.

하지만 무라사키 시키부를 스승처럼 존경하는 외국의 유명 작가가 있다는 사실을 아는 일본인은 그리 많지 않다. 무라사키 시키부를 동경한 그 작가의 말을 나는 1990년에 출간한 소설 『상(賞)의 관(棺)』에 다음과 같이 기록해두었다.

나는 무라사키라는 이름을 떠올릴 때면 늘 경외와 계시를 느낀다.『겐지 이야기』는 주인공의 세밀한 성격, 그리고 그와 인연을 맺는 다양한 여성들이 교차하면서 놀라울 만큼 풍부한 세계를 만들어내고 있다. 나는 이 이야기를 스무 살 때 아서 웨일리(Arthur Waley)의 영역판으로 처음 접했다. 여담이지만, 그 후에 나온 그 어떤 영어나 프랑스어 번역판보다도 웨일리의 번역이 훨씬 뛰어나다. 무라사키의 고전적인 재능은 그야말로 비할 데가 없다. 스무 살 이후 이제껏 50년 동안 내가 이토록 노력할 수 있었던 것은 그런 그녀에게 조금이라도 더 가까워지고 싶은 마음이 있었기 때문이다.

21세기를 대표하는 프랑스의 위대한 작가 마르그리트 유르스나르(Marguerite Yourcenar, 1903~1987)는 1980년에 여성 최초로 아카데미 프랑세즈의 회원이 된 인물이다. 나는 이 무렵 프랑스 정부의 국비 유학생으로 파리에 머물고 있었는데, 라디오 인터뷰인가 신문 대담인가를 통해 그녀가 한 말을 듣게 되었다. 프랑스 문학을 공부하는 사람으로서 그녀의 명성은 익히 알고 있었지만, 그녀가 무라사키 시키부를 스승처럼 존경하고 있다는 사실은 꿈에도 상상하지 못했다. 그래서 다소 충격적이기까지 했던 그녀의 말을 지금도 생생히 기억하고 있다.

유르스나르의
생애

유르스나르의 본명은 마르그리트 앙투아네트 잔느 마리 지슬랭 클렌베르크 드 크레이엥쿠르(Marguerite Antoinette Jeanne Marie Ghislaine Cleenewerck de Crayencour)로, 매우 유서 깊은 가문에서 태어났다는 사실을 짐작할 수 있다. 유르스나르는 벨기에 브뤼셀에서 태어났다. 아버지는 프랑스계 플랑드르인으로 대대로 부유한 가문 출신이었고, 어머니 가문은 벨기에의 귀족이었다. 하지만 어머니는 그녀를 낳은 지 열흘 만에 숨을 거두었다.

마르그리트는 아버지와 함께 할머니의 저택에서 생활했다. 마르그리트의 아버지는 여행을 즐기는 자유로운 영혼의 소유자여서 그녀는 이러한 아버지에게서 많은 영향을 받았다. 그녀는 프랑스 북부 도시 릴(Lille)에서 겨울을 보내고, 여름에는 1824년에 지어진 아버지의 증조부 소유의 고성에서 생활했다. 그녀의 아버지는 증조부에게서 이 성을 상속받았다.

마르그리트는 학교에도 다니지 않다가 니스에서 바칼로레아(프랑스의 대학입학 자격시험_역주)에 합격했다. 1921년에는 열여덟 살의 어린 나이에 대화 형식의 시집을 자비로 출판하는데, 이때 아버지의 조언으로 본명인 크레이엥쿠르에서 C를 제외한 알파벳을 조합해 만든 유르스나르(Yourcenar)라는 필명을 사용했다.

그 후 아버지와 함께 세계 각지를 여행하기 시작한 유르스나르는 제1차 세계대전 당시 런던에 머물다 그 후 프랑스 남부, 스위스, 이탈리아로 거처를 옮기며 아버지의 자유분방한 연애 생활을 곁에서 지켜보게 된다. 1929년, 유르스나르가 첫 소설을 출간하고 얼마 지나지 않아 아버지가 세상을 떠났다.

아버지의 유산을 물려받은 유르스나르는 그 후 파리, 로잔, 아테네, 그리스의 여러 섬, 이스탄불을 전전하며 보헤미안 같은 삶을 즐겼다. 여성을 사랑하는 한편 남성과도 사랑에 빠진 그녀는 양성애자였다.

유르스나르는 『하드리아누스 황제의 회상록』(1951)이나 『흑(黑)의 과정』(1968) 같은 걸작을 발표하기 전, 스물여섯 살에 첫 소설 『알렉시 혹은 공허한 투쟁에 관하여』을 출간하고, 그 후로도 거의 매년 소설과 시를 발표하며 명성을 높여 나갔다.

유르스나르는 프랑스어, 영어, 독일어, 이탈리어뿐만 아니라, 라틴어와 고대 그리스어에도 뛰어났다. 이렇게 다양한 언어를 구사한 덕분에 그녀는 자문화 중심주의에 빠지지 않았고, 동양과 서양, 고대와 현대를 가리지 않고 다양한 문학작품에 심취했다.

그 과정에서 『겐지 이야기』를 읽고 11세기 일본의 뛰어난 문화를 발견해낸 그녀는 일본의 미술과 책에 매료되었다. 유르스나르는 무라사키 시키부를 "보이지 않는 것을 구현해냈다", "일본 중세의 마르셀 프루스트다"라고 극찬했다.

"무라사키 시키부의 심원한 감각은 사건의 흥망, 시간의 변화, 연애의 성쇠를 명확히 파악하고, 이를 비극적이고 허무하면서도 감미롭게 그려낸다", "그 어떤 다른 문학도 이제껏 이루지 못한 일이다"라고 평가했다.

유르스나르는 자신이 추구한 이상적이고도 심오하며 강인한 동시에 섬세한 목소리를 무라사키 시키부에게서 발견해냈다. 유르스나르에게 시키부는 그녀의 말처럼 '영혼의 자매'였다. 이렇게 시키부를 동경한 지 15년이 지난 뒤, 유르스나르가 서른다섯 살에 「겐지 왕자의 마지막 사랑」이라는 단편을 썼다.

유르스나르가 쓴
『겐지 이야기』의 속편

유르스나르가 쓴 단편의 줄거리는 이렇다. 쉰 살이 된 겐지는 자신의 명이 얼마 남지 않은 것을 알고 수도에서 멀리 떨어진 산기슭으로 가서 은둔한다. 겐지의 머릿속에는 생전에 사랑해주지 못한 자신의 첫 아내인 아오이, 그리고 자신의 두 번째 아내라 할 수 있는 죽은 무라사키가 맴돈다. 또 자신이 과거에 아버지를 배신한 것처럼 자신의 세 번째 아내인 온나산노미야가 젊은 남자와 부정을 저지른 쓸쓸한 과거를 떠올린다.

겐지는 수도를 떠나올 때 자신의 재산을 친한 이들에게 전부 나누어준 다음, 오직 수행원 몇 명만을 이끌고 은둔처로 향했다. 겐지가 머무른 곳은 수도에서 사흘이나 걸려야 갈 수 있는 벽촌이었다. 계절은 가을로, 집 옆에는 수령이 100년 넘은 단풍나무가 붉게 물들어 있고 초가지붕에도 낙엽이 쌓여 있었다.

가끔씩 수도에서 전갈이 왔다. 하지만 과거에 그리 시서에 능했음에도 겐지는 전령에게 번번이 백지 답장을 들려 보냈다. 이제는 수도 사람들에게 잊히기를 바란 것이다.

과거에 그가 사랑한 여성들에게서도 편지가 왔는데, 그중에서도 특히 하나치루사토가 보낸 편지에서 다정함이 엿보였다. 신분이 높지도 않고 외모 또한 평범했지만 그녀는 늘 겐지를 충실히 보필하고 겐지의 정실들의 뒷바라지까지 한 여성이다. 겐지가 그녀의 처소를 찾는 일은 매우 드물었지만 그녀는 조금도 원망하지 않고 오히려 자신을 가끔이나마 찾아오는 겐지에게 고마워했다. 자신이 겐지에게 열렬히 사랑받는 여성이 아니라는 것을 잘 알고 있었기 때문이다.

아무리 편지를 보내도 답장이 오질 않자 하나치루사토는 수행원 몇 명을 데리고 겐지가 머무는 초가집을 찾아간다. 머뭇거리다 사립문을 밀고 안으로 들어선 하나치루사토는 겐지 앞에 무릎을 꿇는다. 이 무렵 겐지는 아직 눈이 희미하게나마 보여 누가 자신을 찾아왔는지 알아볼 수 있었다. 가까이 다가간 겐지는 하나치루사토를 알아보고 화를 낸다.

그러고는 '돌아가시오'라는 한마디 말만 하고 하나치루사토를 무정하게 돌려보낸다. 하지만 멀리서 겐지를 지켜본 하나치루사토는 사모하는 겐지의 눈이 거의 보이지 않는다는 사실을 알아차린다.

겐지가 시력을 완전히 잃었다는 소식을 듣자 하나치루사토는 수도에서 입던 화려한 옷을 벗어버리고 시골처녀처럼 허름한 옷으로 갈아입고 긴 머리도 시골처녀처럼 묶는다. 그러고는 마치 이불잇과 그릇을 짊어지고 장터에 가는 처녀처럼 변장한다. 봄비를 맞으며 겐지가 사는 낡은 초가집으로 찾아간다.

아직 어둠이 완전히 내려앉지 않은 해질 무렵, 승복을 걸친 겐지는 집 근처의 오솔길을 산책하고 있었다. 수행원의 손을 잡고 자갈을 피해 걷는 겐지의 너무나도 변해버린 모습을 보고 하나치루사토는 눈물을 흘린다.

흐느껴 우는 소리에 겐지가 가까이 다가가 여인에게 묻는다.

"이보게, 처자는 뉘신가?"

"저는 쇼헤이라는 농부의 딸 우키후네라 합니다."

하나치루사토는 사투리를 써가며 대답한다.

"다음 달에 시집을 가게 되어 어머니와 함께 마을에 냄비며 옷감을 사러 나갔다 그만 어머니와 떨어져 길을 잃고 말았습니다. 이러다 멧돼지나 도적, 유령이라도 만나지는 않을지 무섭습니다."

"아니, 처자, 옷이 흠뻑 젖지 않았는가?"

하나치루사토의 어깨에 손을 올린 겐지는 깜짝 놀란다.

"정자에 가서 몸을 녹이는 게 좋겠어. 아직 화로에 불도 남아 있을 게야."

두 사람은 정자에 들어가 꺼져가는 불에 손을 쬔다.

"걱정 마시게. 나는 눈이 보이지 않으니 옷을 다 벗고 몸을 말려도 괜찮아."

그 말을 들은 하나치루사토는 옷을 벗는다. 불을 쬔 그녀의 가녀린 몸이 은은한 붉은 빛을 띠었다.

"젊은 처자, 내 거짓말을 해서 미안하네. 사실 나는 아직 눈이 희미하게 보인다네. 아지랑이 사이로 어렴풋이 그대의 몸이 보이는데, 아직 떨고 있는 그대의 팔에 내 손을 얹게 해주지 않겠나?"

그리하여 두 사람은 다시 사랑을 나누게 된다.

하나치루사토의 몸은 아직도 놀랄 만큼 젊었지만, 머리에는 흰머리가 조금 섞여 있었다. 하지만 눈이 나빠진 겐지는 그 사실을 알아차리지 못한다.

애무가 끝나자 하나치루사토는 무릎을 꿇고 고백한다.

"죄송합니다. 제가 거짓말을 했습니다. 저는 농부 쇼헤이의 딸 우키후네가 맞지만, 길을 잃은 것이 아니오라 고명하신 겐지님의 소문이 마을에까지 퍼졌기에 겐지님의 품에 안기고 싶어 찾아온 것입니다."

"뭣이라? 어서 썩 돌아가게."

겐지는 화를 내며 하나치루사토를 내쫓는다.

하지만 하나치루사토를 돌려보낸 겐지는 과거에 알고 지낸 여성들의 살결과 목소리를 떠올리며 괴로워한다. 아름다운 산속 풍경도 눈이 먼 겐지에게는 이제 위로가 되지 않고, 졸졸 흐르는 시냇물 소리도 여인들의 고운 목소리에 비하면 단조로울 뿐이었다.

두 달 후, 하나치루사토는 다시 계획을 세운다. 이번에는 하급 귀족의 아내인 척하고 겐지의 집을 찾는다. 여름을 맞아 겐지는 단풍나무 아래에 앉아 매미울음소리에 귀를 기울이고 있었다.

하나치루사토는 부채로 얼굴을 반쯤 가린 채 겐지에게 다가가 속삭인다.

"저는 야마토국의 정7위(정6위보다 낮고 종7위보다 높은 직위_역주)인 스카즈의 아내 나카조라 합니다. 이세신궁에 참배를 드리러 가는 길에 종자 하나가 발을 삐어 더 이상 갈 수가 없게 되었습니다. 내일 아침까지 비와 이슬을 피해 종자들이 쉴 수 있을 만한 곳이 없을까요?"

"우리 집은 좁다오. 종자들은 이 나무 아래에서 쉬라 하고, 그대는 정자 한편에 다다미를 깔고 쉬는 것이 좋겠소."

겐지는 이렇게 말하며 손으로 더듬어가며 정자로 돌아간다. 하나치루사토는 겐지가 한 번도 자신이 있는 쪽을 바라보지 않는 것을 보고, 겐지가 시력을 완전히 잃은 사실을 알아차린다.

다다미에 몸을 눕힌 하나치루사토는 고개를 살짝 든 겐지의 얼굴에 달빛이 비추는 것을 바라본다.

"달이 참 아름다운 밤이네요. 아직 잠이 오지 않는데, 제가 좋아하는 노래를 한 곡 불러도 될까요?"

하나치루사토는 겐지가 대답하기도 전에 과거 무라사키 부인이 좋아한 노래를 흥얼거린다.

그러자 겐지가 깜짝 놀라 묻는다.

"이 노래는 내가 젊었을 적에 사람들이 즐겨 듣던 노래인데, 이 노래를 알다니 당신은 어디서 오셨소?"

겐지는 이렇게 말하며 하나치루사토에게 다가가 그녀의 머리카락을 쓰다듬는다. 그리하여 하나치루사토는 겐지의 새로운 여인이 된다. 아침에는 겐지를 도와 죽도 끓인다.

"그대는 참으로 손재주도 좋고 상냥하구려. 뭇 여성들의 사랑을 한 몸에 받았다는 그 겐지라는 이조차도 당신만큼 상냥한 여자는 알지 못했을 거요."

이렇게 말하는 겐지에게 하나치루사토는 천천히 고개를 저으며 대답한다.

"저는 겐지라는 이름을 한 번도 들어본 적이 없는걸요."

"뭐라고?"

겐지는 깜짝 놀라 외친다.

"그렇게나 빨리 사람들에게 잊히고 만 것인가?"

그날 하루 종일 겐지는 어두운 표정으로 생각에 빠진 듯했다.

가을이 찾아오자 산 속 나무들이 서서히 물들기 시작했다. 겨울
이 오는 소리가 가까워지자 붉게 물들었던 나뭇잎이 갈색으로 변
해갔다. 하나치루사토는 시간이 흘러가는 모습을 겐지에게 전한
다. 그리고 꽃으로 목걸이를 만들기도 하고, 소박하면서도 세련된
요리를 만들어 겐지에게 대접하고 옛 노래를 흥얼거리기도 한다.

가을이 깊어지면서 풀벌레 소리도 희미해질 무렵, 겐지가 병으
로 앓아눕는다.

어느 날 아침, 하나치루사토가 겐지의 다리를 어루만지고 있는
데 겐지가 그런 그녀의 손을 만지작거리며 이렇게 말한다.

"죽어가는 남자를 돌봐주는 그대에게 내가 거짓말을 했어. 내가
바로 그 겐지라네."

그러자 하나치루사토가 대답한다.

"이곳에 왔을 때, 시골에 살던 저는 겐지님이 어떤 분인지 몰랐
습니다. 지금 그 말을 들으니 당신이 이 세상에서 가장 아름답고,
그 어떤 남자보다도 가장 많은 사랑을 받은 분이라는 것을 알겠습
니다. 하지만 이제 당신은 사랑받기 위해 겐지님으로 있을 필요가
없습니다."

겐지는 그 말에 미소를 지으며 하나치루사토에게 고마워한다.
그리고 자신은 이제 곧 이 세상을 떠나지만, 후회할 만한 일은 하

나도 없다고 이야기한다. 그리고 하나치루사토가 묻지도 않았는데 이제껏 자신의 인생을 수놓았던 여성들의 매력을 늘어놓는다.

자신이 사랑을 깨달았을 때는 이미 이 세상에 없던 아오이 부인, 자신의 품에서 숨을 거둔 유가오, 자신이 다른 여인을 만날 때마다 늘 괴로워한 무라사키 부인, 하룻밤을 보낸 뒤 자신에게서 멀어진 우쓰세미, 자신과 밀회를 거듭한 오보로즈키요, 자신의 과거의 모습만을 사랑한 농부 쇼헤이의 딸 우키후네, 그리고 하나치루사토가 변장한 나카조의 이름을 댔다.

겐지는 그들의 이름을 하나하나 불러보면서 "그대와 좀 더 일찍 만났다면 좋았을 텐데"라는 말까지 한다.

과거에 자신이 사랑한 여성들을 차례차례 떠올리는 겐지를 보며 하나치루사토는 결국 참다 못해 묻는다.

"당신의 저택에는 또 다른 여인 한 명이 살지 않았나요? 아직 그 여인의 이름을 말하지 않았잖아요. 그 여인은 상냥하지 않았나요? 그 여인의 이름이 혹시 하나치루사토이지 않나요? 제발, 부디 떠올려주세요."

애원하는 하나치루사토의 앞에서 겐지의 얼굴이 서서히 핏기를 잃어간다.

"그 여인은 십팔 년 동안 당신만을 위해 살았다고요."

하지만 허망하게도 그 말은 이미 숨을 거둔 겐지의 귓가에 닿지 않았다. 하나치루사토는 바닥에 쓰러져 하염없이 눈물을 흘리며 머리카락을 쥐어뜯었다.

또다른
소극적 수용력을 확인하다

　　　원서로 열네 쪽밖에 되지 않는 단편이지만 기복과 기지가 넘치는 줄거리, 그리고 무라사키 시키부를 연상시키는 매끄러운 필치에서 유르스나르의 비범한 재능을 느낄 수 있다. 이처럼 뛰어난 능력에 무라사키 시키부에 대한 오마주까지 더해진 이 작품은 그야말로 『겐지 이야기』의 또 다른 편이라 해도 좋을 것이다.

　특히 이 짧은 이야기는 가을에서 시작해 겨울, 봄, 여름까지 사계절을 거친다. 가을이 다시 돌아오자 겐지는 자신의 정체를 하나치루사토에게 밝힌다. 이때 겐지는 목숨이 얼마 남지 않은 상태로, 가을이 끝남과 동시에 겐지의 삶도 막을 내린다. 남겨진 것은 하나치루사토의 비통한 절규뿐이었다.

　다른 나라의 작가가, 그것도 영역판을 읽고 감명을 받은 작가가 이 정도로 멋진 작품을 써내다니 정말 놀라운 일이다. 이런 일을 가능하게 했다는 점에서 나는 무라사키 시키부의 뛰어난 필력과 셰익스피어에도 뒤지지 않는 소극적 수용력에 찬사를 보낸다.

교육과
소극적 수용력

현대 교육은
적극적 수용력만 가르친다

교육은 얼핏 보기에 알고 있는 사실을 일방적으로 전수하면 되는 일처럼 보인다. 어린이집이나 유치원에서 하는 공부나 놀이만 봐도 그렇다. 선생님이 모든 것을 준비해놓고 아이들은 거기에 참여하기만 하면 된다.

초등학교에 가면 어떤가? 공부하는 과목이 늘어나고, 한자와 계산법을 배운다. 또 동물과 식물, 우주, 세상이 돌아가는 원리도 배운다.

중학교에 들어가면 더 넓고 깊게 배운다. 온통 외워야 할 것들뿐이다. 때마다 중간고사와 기말고사를 치르고, 외운 것을 바로바로 토해내는 훈련을 받는다.

고등학교는 또 어떤가? 상업고등학교와 공업고등학교에 들어가도 이론수업과 실습수업이 아침부터 저녁까지 꽉 차 있다. 인문계 고등학교에서는 대학 입시에 필요한 지식을 학생들의 머릿속에 잔뜩 주입하고, 정기적인 시험을 통해 지식을 재빠르게 토해내는 연습을 시킨다.

유치원에 들어가 대학을 졸업할 때까지 받는 모든 교육은 문제를 설정하고 그 해답을 구하는 것에만 집중한다.

그런 교육은 '적극적' 수용력을 양성하는 것을 목표로 한다. 좀 더 쉽게 말하면 문제해결을 위한 교육인 셈이다. 게다가 문제를 해결하는 데에 많은 시간을 들여도 안 된다. 최대한 빠르고 신속하게 문제를 해결해야 칭찬 받는다. 이러한 '빨리빨리'는 학교뿐만 아니라 가정에도 침투해 있다. 엄마들이 자녀에게 '얼른 해'라는 말을 한 번도 하지 않고 지나가는 날이 과연 있을까?

'빨리빨리'라는 말을 들을 때마다 나는 자식들이 아흔 살 먹은 노인을 재촉하는 광경이 떠오른다. 걷는 것조차 불안한 고령자에게 '얼른 해'라고 말하는 것은 '얼른 죽어'라고 말하는 것이나 마찬가지이기 때문이다. 여기에 '빠르게'의 함정이 있다.

문제해결만을 지나치게 강조하다 보면 문제를 설정할 때 문제 자체를 너무 평이하게 만드는 경향이 생긴다. 문제가 단순할수록 빨리 해결할 수 있기 때문이다. 그러면 복잡한 것들은 전부 빼게 되므로 문제가 현실 세계와 동떨어질 수 있다. 바꿔 말하면 문제를 설정하는 바탕 자체의 현실성이 떨어질 수 있다는 뜻이다. 이렇게 되면 애써 해답을 찾아내도 결국 탁상공론에 불과하게 된다.

교육이란 원래 미지의 것에 대한 두려움을 수반해야 한다. 이 세상에는 알려진 것보다 아직 알려지지 않은 것들이 훨씬 많을 것이기 때문이다.

일본 에도시대에는 무사의 자제들에게 어릴 적부터 한문책을 소리 내어 읽게 했다. 이 교육법은 오늘날의 교육과 정반대된다. 아이들은 뜻도 모르는 글을 왜 소리 내어 읽어야 하는지 그 이유를 알지 못한다. 한자를 음독만 하기 때문에 그 의미도 제대로 알지 못한다. 하지만 수십 번을 반복해서 읽는 동안, 한문 특유의 억양에 익숙해지기 시작한다. 한자가 나열된 순서를 보면서 그 의미를 어렴풋이 짐작할 수도 있게 된다.

이러한 교육에서는 가르치는 사람이나 배우는 사람이나 모르는 것이 있어도 짜증 나지 않는다. 몰라도 괜찮다. 아이들은 그저 시키는 대로 몇 번이고 반복해서 읽을 뿐이다. 더듬거리며 읽다 보면 언젠가는 술술 읽을 수 있게 된다.

가르치는 사람도 그리 세세하게 가르치지 않는다. 그저 천천히 기다린다. 어쩌면 그 책은 자신이 아직 다 이해할 수 없는 심오한 내용을 담고 있을지도 모른다. 가르치는 자신이 그 내용을 충분히 이해하지 못했을 가능성도 있다. 그렇지만 그 책을 경애하는 마음은 분명히 있다. 그렇기에 아이들에게 음독을 시키면서 그 사이에 자신도 문장에 숨어 있는 진실을 간파해내려고 하는지도 모른다.

이 교육법에서는 애초에 문제를 설정하지 않는다. 그저 한자를 소리 내어 읽으며 배울 뿐이다. 심지어 그 배움의 뒤에 무엇이 있는지조차 확실하지 않다. 간단히 말하자면 소양이라 해야 할까, 요즘 식으로 표현하면 교양이 있을 뿐이다.

소양이나 교양은 문제에 성급하게 해답을 내는 것이 아니다. 오히려 그 반대일 수 있다. 해결할 수 없는 문제가 있다 하더라도 이를 찬찬히 지켜보며 심사숙고하는 것이 교양이다.

그렇다고 한다면 우리가 오늘날 학교에서 배우는 교육은 교육의 본질에서 다소 벗어나 있다고 할 수 있다.

학습 속도가 차이 나는 것은 자연스러운 일

30여 년 전에 나는 정신의학을 공부하기 위해 가족들과 함께 프랑스 남부의 마르세유에서 지낸 적이 있다. 은사인 물랑 선생님이 과거 자신의 자택 겸 클리닉으로 쓰던 곳을 무료로 빌려주었는데, 집이 꽤 넓었다. 우리 가족은 건물 2층 전체를 사용했는데, 베란다에서 안뜰로 내려가는 계단이 있어서 그 안뜰도 우리 가족이 마음껏 이용했다. 이곳의 모습은 내 소설 『히틀러의 방어구』에서 주인공이 사는 집으로 묘사되었다.

당시 첫째 아들은 초등학교 1학년, 둘째 아들은 유치원에 다니고 있었다. 프랑스어를 하지 못해도 어차피 초등학교 1학년생이므로 필요하면 그때그때 배우면 된다고 할 정도로 학교의 방침은 느슨했다.

아이의 취학을 위해 처음 인근 초등학교에 찾아갔을 때 책임자가 바로 "네, 그럼 아드님은 저희가 맡겠습니다"라고 대범하게 말해서 깜짝 놀랐다.

어느 날, 첫째 아들이 친구를 집에 데리고 왔다. 마르세유는 다양한 인종이 모인 곳으로, 북아프리카의 아랍계 사람들이나 아프리카 출신의 흑인, 동남아시아의 옛 프랑스 식민지에서 이민 온 사람도 많아 인종의 도가니 같았다.

아들이 집에 데려오는 반 친구는 대부분 아랍계 아이였는데 그 가운데 한 명은 성인에 버금갈 만큼 키가 컸다. 일반적으로 초등학교 6학년생이나 중학생에 해당할 정도의 체격이었다. 궁금해서 물어보니 기억력이 나빠서 몇 년 동안 1학년에 머물러 있다는 대답이 돌아왔다. 나는 그 아이가 전혀 주눅 들지 않고 밝게 대답하는 것에 놀랐다. 그리고 '아, 마르세유의 초등학교에는 낙제 제도가 있구나' 하고 감탄했다. 아마 일본에서는 아이가 낙제당하면 부모가 학교에 찾아가 항의할 것이다.

당시 마르세유에서는 학습 속도가 느린 사람은 같은 학년을 몇 번이고 반복해서 들었다. 생각해보면 이것이 당연하다. 사람은 저마다 학습 속도가 차이 나기 마련이다. 배우는 속도가 빨라서 다음 학년으로 진급했다가 좌절하는 학생도 있을 테고, 출발은 느리지만 일단 한 번 이해하고 나면 그 다음부터는 순조롭게 진도를 나가 다른 학생을 앞지르는 아이도 있을 것이다.

이것이 원래 교육의 올바른 방향이 아닐까?

하지만 오늘날의 교육은 너무나도 획일적이다. 다들 똑같이 발을 맞추어 한 해를 보내고, 다 같이 다음 학년으로 나란히 올라가는 시스템이다.

이런 시스템에서는 도달 목표를 설정하고 달성도를 평가한다. 도달 목표 또한 학생 개개인에 맞춘 목표가 아니라, 어디까지나 해마다 부과되는 형식적인 목표다. 나는 학교 교육이 도달 목표를 설정하면서부터 학교가 변질되기 시작했다고 생각한다.

초등학교 1학년은 이 정도, 초등학교 3학년은 이 정도, 이런 식으로 목표를 정해놓으면 반드시 낙오자가 생긴다. 마치 시민 마라톤에서 늦은 사람을 차에 전부 태워버리는 것과 비슷하다. 그들이 들어올 때까지 도로를 계속 통제할 수는 없기 때문이다.

차에 태워진 아이들은 어떻게 될까? 아마 다음 해에 열리는 마라톤에서도 또 다시 뒤쳐져 차를 타게 될 것이다. 그리고 초등학교를 졸업할 때까지 6년 내내 그런 생활을 반복할 것이다. 그런 아이들이 중학교에 들어가면 어떻게 될지 불 보듯 뻔하다. 이래서야

학교를 끔찍이 싫어하는 아이들이 나와도 전혀 이상하지 않다.

자동 진급 제도가 지닌 단점을 더욱 부각시키는 것이 시험이다. 시험을 통과하는 것만이 학습의 최종 목표가 되어버리면 소양이나 교양을 기르는 교육이 사라지게 된다. 오로지 문제해결을 위한 학습, 공부만이 남는 것이다.

해결할 수 없는 문제와 마주하기 위해

이러한 교육 현장에서는 가르치는 이의 의도가 작용한다. 단적으로 말하면 '욕망'이다. 가르치는 사람은 일정한 잣대를 두고, 거기에 맞추어 학생들을 가르친다. 잣대는 곧 기준이므로 이를 벗어나는 일들은 전부 버리게 된다. 특히 문제는 가르치는 사람이 문제를 좁게 설정해버린다는 것이다. 그래야 '해답'을 더욱 신속하게 가르칠 수 있기 때문이다.

하지만 여기에는 중요하고도 결정적인 사실이 빠져 있다. 바로 세상에는 그리 간단히 해결할 수 없는 문제가 산적해 있다는 점이다. 앞서 이야기한 것처럼 살다 보면 해결할 수 있는 문제보다 해결할 수 없는 문제가 몇 배나 더 많다.

그런데 이러한 사실이 학생들에게 전달되지 않으면 가르치는 사람이나 배우는 사람 모두 좁은 시야에 갇혀버린다. 무한한 가능성을 품고 있어야 할 교육이 너무나도 작고 보잘것없는 것이 되고 만다. 소양이나 교양 같은 것도 전부 사라져버린다.

이러한 교육 현장에서는 해결할 수 없는 문제 같은 것은 애초에 안중에도 두지 않는다. 아니, 해결할 수 있는 문제라 할지라도 답을 즉각적으로 제시할 수 없는 것은 교육의 대상이 될 수 없다.

교육하는 사람이 교육 앞에 펼쳐져 있는 무한한 가능성을 망각하고 있으므로 교육을 받는 사람 또한 답답함을 느끼기 쉽다. 학습의 재미를 느끼지 못하고 지루해하다 결국 흥미를 잃고 마는 것이다.

배움을 계속해나갈수록 미지의 세계가 넓게 펼쳐진다. 학습을 해보면 그 길이 어떻게 이어지는지 알 수 있다. 고개라 생각하고 열심히 언덕을 올라갔는데 그 뒤에 또 다른 높은 산이 보인다. 거기서 멈추어도 상관없지만 눈앞에 보이는 이상 그 산을 오르고 싶어진다. 인간의 마음속에는 늘 그런 마음이 자리하고 있으며, 그것이 배움의 원동력이 된다. 즉 답이 나오지 않는 문제를 끊임없이 찾아가며 도전하는 것이야말로 교육의 참뜻일 것이다.

교육 현장이 좁은 시야에 갇혀 있는 탓에 부모들은 그보다 더 시야가 좁아져 있다. 아이에게 학교 숙제만 빨리 해치우기를 강요하기 쉽다. "얼른 해. 꾸물거리지 말고 숙제부터 먼저 해." 이런 말을 입버릇처럼 한다.

학습이라고 하면 학교 숙제나 학원 숙제를 하는 것이라 지레짐 작하기 쉽다. 세상에는 그 밖에도 배워야 할 것들이 많은데도 부모 들은 아이들에게 그러한 사실을 가르쳐주는 것조차 잊어버린다.

별의 아름다움, 아침 해와 저녁 해의 장엄함, 나무들이 싹을 틔 우는 계절의 생동감, 꽃들의 이름, 나무 사이를 날아다니는 새들 의 모습과 울음소리. 이런 것들까지 알아차리기에는 어른들의 감 수성이 너무 부족해졌다. 그러니 이러한 것들을 아이들에게 전해 줄 수 있을 리가 없다.

미술관에서 그림이나 조각 작품을 바라봤을 때 느껴지는 감동 또한 마찬가지다. 어른들이 그러한 것에 관심을 갖지 않으면 아이 들도 그런 감동을 느낄 수가 없다.

특히 음악이나 미술에는 문제 설정이나 문제해결이 존재하지 않는다. 오히려 해결할 수 없는 불확실한 상태에서 예술가가 어떻 게든 자기 나름대로 그 순간에 맞는 해답을 내놓은 것이 예술이기 때문이다. 예술에는 문제해결이라는 과제가 부과되지 않기 때문 에 아직 학습이 그 본질을 잃지 않고 있다. 예술을 보거나 들으면 사람은 뭔가를 느끼고 거기에서 오는 생생한 기쁨을 실감한다. 어 쩌면 인생의 무한한 깊이에 감동할지도 모른다.

시도 마찬가지다. 시는 애초에 뭔가를 해결하거나 결론을 내리 기 위해 쓰는 것이 아니다. 운율과 뜻을 음미하고 감동하기 위한 것이다.

공자의 언행을 기록한 『논어』는 예술론이 전체 분량의 3분의 1 가량을 차지한다고 한다. 대상은 회화·시·연극·음악으로, 진정한 인간이 되기 위해서는 예술을 배워야 한다는 점을 강조한다.

공자가 예술을 배워야 한다고 강조한 이유는 아마도 이해할 수 없거나 해결할 수 없는 것을 존중하고, 관심을 갖고 주시하며, 음미하는 태도를 가르쳐주기 위해서일 것이다. 숭고한 존재나 영혼과 관련된 것은 대부분 논리를 벗어난 불확실한 영역에 존재한다. 인생의 본질은 바로 그곳에 있는 듯하다.

문제를 설정하고 해답을 바로 도출할 수 있는 일은 인생에서 극히 일부에 지나지 않는다. 이를 제외한 대부분의 일은 영문을 모른 채 그저 흥미와 존경하는 마음을 안고 평생에 걸쳐 알아내야 하는 법이다. 그 답을 알 수 있을 때까지는 그저 쭉 지켜봐야 한다. 2장에서 설명한 비온의 말이 떠오른다. 비온은 기억, 이해, 욕망이 소극적 수용력을 키우는 것을 방해한다고 단언했다.

현대 교육은 도달 목표라는 욕망이 있기 때문에 시간에 쫓기면서까지 학생들에게 지식을 주입시키고 어떻게든 이해시키려고 한다. 이 방법으로는 소극적 수용력을 도저히 키울 수가 없다.

연구에 필요한
운(運)·둔(鈍)·근(根)

연구를 할 때에도 어떤 문제를 해결하기 전에 일반적으로 도움닫기 기간을 오래 둔다. 연구를 시작할 때 필요한 것은 장기적인 전망이다. 연구는 5년, 10년 정도가 아니라 20년, 30년이 걸릴 때도 있다. 처음에는 앞날을 예측할 수 없는 것을 상대해야 한다.

연구에는 운(運)·둔(鈍)·근(根)이 필요하다는 말이 있는데 나는 이 말에 깊이 공감한다. 운은 행운을 말하며, 하늘이 내려줄 때까지 인내심을 갖고 기다려야 함을 말한다. 둔은 우직함을 뜻하며, 얄팍한 지식으로 문제를 표면적으로 해결하려는 자세를 경계하는 것을 말한다. 신속하게 문제를 해결하려는 태도와는 정반대되는 마음가짐이다. 마지막으로 근은 근기(根氣), 즉 끈기를 뜻한다. 결과가 나오지 않는 실험, 출구가 보이지 않는 연구를 이어나갈 수 있는 끈기가 부족하면 최종 목표에 가까이 다가갈 수 없다.

운·둔·근은 소극적 수용력의 또 다른 표현이라 할 수 있다. 그만큼 소극적 수용력은 교육과 연구 분야를 지탱하는 힘이며, 교육 현장에서도 그 중요성이 더욱 강조되어야 한다. 즉 어른들이 지금 당장 해결할 수 없더라도 어떻게든 끝까지 그 문제를 지켜보는 것 자체가 하나의 중요한 능력이라는 사실을 아이들에게 설명한다면, 아마 아이들의 마음이 한결 가벼워질 것이다. 반면 서둘러 문제를 설정하고 최대한 빨리 해답을 찾아야 하는 적극적 수용력을 어른들에게 주입당할 때 아이들은 우울함을 느끼게 된다.

등교를 거부하는 아이의
소극적 수용력

우리 클리닉에는 학교에 가기를 거부하는, 이른바 등교 거부 아이가 부모의 손에 이끌려서 오는 일이 많다. 부모들은 대부분 그대로 두면 아이가 세상에서 낙오될 것이라며 두려워한다. 무리도 아니다. 나 또한 자동 진급식 교육을 경험한 바 있으며 사회 시스템에 필사적으로 적응해왔으므로 만일 내 자식이 이를 거부한다면 아마 하늘과 땅이 뒤집히는 듯한 공포를 느낄 것이다.

하지만 정작 등교를 거부하는 당사자는 자신이 받고 있는 교육에 문제가 있다고 느낀다. 문제가 있다고 느끼는 아이가 그렇지 않은 아이보다 오히려 직관적으로는 옳을지 모른다. 심지어 여기에 집단 괴롭힘이나 따돌림, 중상모략 같은 문제가 끼어든다면 교육 현장은 변질되고 만다. 즐겁기는커녕 두렵기만 한 곳이 되어버린다. 그런 두려운 곳으로 얼른 다시 돌아가라고 가혹하게 말하는 것은 불타고 있는 집에 뛰어들라고 하는 것과 마찬가지다.

등교 거부는 아이가 선택한 피난처다. 힘들게 피난처까지 왔으니 당사자가 결론을 내릴 때까지 머물게 하는 것이 가장 좋다. 그러면 아이가 상황을 살피다 밖으로 나오거나 아니면 더 좋은 피난처를 발견하고 그쪽으로 옮겨갈지도 모른다.

그런 상황에서는 부모 또한 소극적 수용력을 발휘할 필요가 있다. 자기 아이가 스스로 결론을 내리고 앞으로 나아갈 길을 발견할 때까지 불확실한 하루하루를 관심을 갖고 유심히 지켜보며 함께 견뎌주어야 한다.

우리 집 근처에 '아테스웨'라는 프랑스 레스토랑이 있다. 'A tes souhaits'는 프랑스인이 재채기를 한 사람에게 하는 말로, '당신에게 행운이 있기를'이라는 뜻이다. 셰프는 프랑스에서 요리를 공부한 사람으로, 늘 열성을 다해 프랑스의 본고장 요리를 선보이기 때문에 나는 편집자와 미팅을 할 때면 늘 이곳에서 만난다.

그 셰프에게 요리학교에서 다른 학생보다 빨리 배우는 편이었는지, 즉 우수했는지를 물어본 적이 있다. 그런데 그의 대답이 의외였다. 자신은 남들보다 배우는 속도가 느렸다는 것이다. 배우는 속도가 빨랐던 우수한 학생들은 금세 이 업계를 떠났고, 지금 자신의 레스토랑을 운영하는 사람들은 모두 그 당시 성적이 나빴던 학생들뿐이라는 것이었다. 꾸준히 한 길을 가는 사람은 모두 배우는 속도가 느린 사람들이었던 것이다.

배움이 빠르면 포기도 그만큼 빠르다. 이를 보면 소극적 수용력은 영재보다 오히려 둔재에게서 찾아볼 수 있다는 능력일 것이다.

얼마 전에 〈타임〉지에 흥미로운 글이 실렸다. 아홉 가족의 삶의 방식과 교육 방식을 조사한 내용인데, 평범한 부모 밑에서 자란 아이들 모두가 각자의 길에서 성공을 거두었다는 내용이었다. 조사 대상이 된 가족들은 모두 자녀가 둘 혹은 셋이었고, 다들 전혀 다른 분야에서 뛰어난 일을 하고 있었다. 예를 들어 어느 세 자매의 경우, 첫째는 대학의 역학 교수, 둘째는 유튜브의 CEO, 셋째는 유전자 검사 회사의 CEO였다.

1남 2녀인 한 집안의 경우 장녀가 야후의 주요 간부이고, 장남은 검사, 차녀는 보건국장이었다.

또 다른 집안의 세 형제는 장남이 펜실베이니아대학 부학장, 차남이 시카고 시장, 삼남이 헐리우드 영화 제작사 협회의 사무국장이었다. 하지만 이들의 부모는 모두 평범한 사람들로, 자녀들이 부모의 덕을 볼 만한 일은 전혀 없었다.

이들 아홉 가족의 교육 방침에서 공통점을 찾아보자 다음과 같은 여섯 가지 요소가 발견되었다.

첫 번째로 이들은 대부분 다른 나라에서 온 이민자들이었다. 이민자들은 본국에 살고 있는 사람들에 비해 모든 면에서 핸디캡을 안고 있다. 쉽게 말하면 100미터 달리기를 남들보다 5미터, 혹은 10미터 뒤에서 출발하는 것과 같다. 하지만 이러한 핸디캡이 오히려 자녀들에게 향상심과 강한 인내심을 길러주었다.

두 번째로 이들의 부모는 자녀의 조기 교육에 열심이었다. 미취학아동인 0~5세 시기에 아이들에게 다양한 것을 배우게 했다. 즉 학교에 들어가기 전에 이미 공부하는 태도를 심어준 것이다.

세 번째로 이들 부모는 사회활동가로, 세상을 좀 더 좋은 방향으로 변화시키기 위한 운동을 했다. 아이들은 그런 부모의 행동을 통해 사회의 불합리를 배우고, 이를 변혁시켜나가는 자세를 배운 것이다. 아이들은 그 과정을 통해 자신을 둘러싼 세계를 더욱 깊이 이해할 수 있었던 셈이다.

네 번째로 이들 가정은 결코 평온하지 않았으며 부모의 언쟁과 형제간의 싸움이 존재했다는 점이다. 하지만 부모들의 언쟁은 결코 폭력적이지 않았으며, 사회를 보는 관점의 차이에서 오는 의견 충돌 같은 것이었다. 아이들은 십대 시절에 등교 거부, 도둑질, 흡연, 주먹다짐 같은 싸움도 경험했다. 이민자의 자녀라는 이유로 따돌림을 당한 아이들도 있었지만, 이것이 도리어 '이까짓 것쯤이야!' 하고 넘길 줄 아는 강한 정신력을 키워주었다.

다섯 번째로 이들은 어린 시절에 타인의 죽음을 여러 번 경험하면서 삶의 귀중함을 배웠다. 다른 사람의 죽음을 아는 것은 자신의 인생의 한계를 아는 것과 직결된다. 그렇기에 살아 있는 동안 자신이 하고 싶은 일을 이루는 강한 원동력 또한 생겨난다.

마지막으로 이들의 부모는 아이들이 어릴 때는 열심히 교육을 했지만, 아이들이 어느 정도 큰 후에는 방임주의를 선택했다. 아이들은 부모가 무엇이든 할 수 있게 허락해주었다고 말한다. 그 대신 모든 일을 스스로 책임지게 하면 아이들은 오히려 함부로 행동하지 못한다. 이들은 '너는 절대 다른 사람의 골인지점에 도달할 수 없어. 네가 결승 테이프를 끊고 들어갈 수 있는 것은 너의 골인지점뿐이야!'라는 말을 들었다고 한다.

이 여섯 가지 요소 중에 그 어느 하나도 소위 교육열이 강하다고 하는 부모의 방침과 겹치지 않는다. 오히려 정반대다. 부모가 깔아놓은 레일 위에 아이를 올리고, 쉼 없는 속도로 달릴 수 있도록 뒤에서 밀어주는 방법과 좋은 대조를 이룬다.

나는 이 여섯 가지 요소에서 소극적 수용력이 지닌 힘을 엿본다.

교육 현장에서 꼭 필요한 소극적 수용력

10년 전쯤부터 나는 모교인 규슈대학교 의대 정신과에서 모리타 요법 세미나의 강사로 일하고 있다. 해마다 입문 코스와 심화 코스를 진행한다. 참가자 중에는 정신과 의사나 임상심리사뿐만 아니라 기업에 근무하는 사람도 있다. 즉 모리타 요법에 관심이 있는 사람은 누구나 들을 수 있다.

강의 중에 모리타 요법을 설명할 때면 나는 반드시 소극적 수용력을 짚고 넘어간다. 4장에서 이야기한 것처럼 소극적 수용력이 모리타 요법뿐만 아니라 다른 정신치료의 근간이 되기 때문이다.

2년 전, 학교 상담사로 일하는 한 임상심리사가 세미나를 들은 후 이런 편지를 보내왔다. 그 편지에는 "소극적 수용력이라는 개념은 학생 상담에 많은 어려움을 겪고 있는 학교 현장에 꼭 필요한 관점이라고 생각합니다"라고 쓰여 있었다.

그 편지를 읽고 '역시 그렇구나!' 하는 마음에 무릎을 탁 친 것이 기억난다. 그분의 편지에 적혀 있던 소감 중에 중요한 내용이 많아 그대로 소개해본다.

학교에 있으면 가끔씩 지도에 어려움을 겪거나 해결하기 힘든 사례를 접할 때가 있습니다. 그럴 때면 누구나 어찌할 바를 모르게 됩니다. 이처럼 아무리 애를 써도 좋은 방법이 떠오르지 않을 때, 바로 '소극적 수용력'이 필요해집니다.

요즘 시대에는 '이렇게 하면 고생하지 않고 쉽고 간편하게 문제를 해결할 수 있습니다!'라는 식의 조언이 좋은 반응을 얻습니다. 하지만 무엇이든 쉽고 간편하게 해결하려 들다가는 무엇인가를 빠뜨리게 되고, 그러다 결국 막다른 곳에 몰리게 됩니다. 세상에는 쉽게 해결할 수 없는 문제가 많기 때문입니다.

어쩌면 학교 현장에서 일어나는 문제들은 모두 쉽게 해결할 수 없는 것들뿐일지도 모릅니다. 그렇기에 아이들을 지도하는 저희에게는 앞으로 문제를 해결하는 능력보다도 문제를 성급히 해결하려 들지 않는 능력, 즉 '소극적 수용력'을 갖추는 것이 더욱 중요해질 것입니다.

또 아이들에게도 문제해결 능력(적극적 수용력)뿐만 아니라 '도무지 해결할 수 없는 문제를 끝까지 지켜볼 수 있는 능력(소극적 수용력)'을 키워주어야 한다는 생각이 듭니다.

문제를 해결하고, 답을 빠르게 찾아내는 것만이 능력이 아닙니다. 해결하지 못하더라도, 도무지 이해가 되지 않더라도, 그 문제를 끝까지 지켜보는 것. 이러한 태도는 비록 소극적으로 보일지 몰라도 실제로는 큰 힘을 감추고 있습니다.

도무지 어찌할 방도가 없어 보이는 문제도 끝까지 지켜보면 그 사이에 서서히 안정되면서 조금씩 해결될 것입니다. 인간은 깊이를 알 수 없는 '지혜'를 갖추고 있기 때문에 어떻게든 버티고 견뎌내면 언젠가는 안정되는 날이 올 것입니다.

'곧바로 해결하지 못하더라도 어떻게든 그 문제를 끌어안고 견뎌내는 것. 그것이 우리가 지닌 능력 중 하나란다'라고 아이들에게 가르쳐줄 필요가 있습니다.

바로 이 편지 내용이 9장의 핵심을 정확하게 짚어내고 있다.

10장

관용과
소극적 수용력

도박 중독자 자조집단이
지향하는 '관용'

　　나는 십여 년 전부터 일주일에 한 번씩 도박 중독
자를 위한 자조집단(self-help group)의 미팅에 참가하고 있다. 도
박 중독자 자조집단을 GA(Gamblers Anonymous)라고 하며, 이
들은 12단계의 맹세의 과정을 거친다. 이 맹세는 원래 단주모임
(Alcoholics Anonymous, AA)을 위해 만들어진 것으로, 지금은 약물
중독이나 암환자, 임종기 환자를 위한 자조집단에서도 사용되고
있다.

　GA는 단순히 도박을 그만두는 것이 목표가 아니라 인간이 지
켜야 할 도덕을 갖추는 것을 지향한다. 그 덕목으로 배려, 관용, 정
직, 겸허를 들고 있다. 이 네 가지 덕목은 도박에 정신이 팔리다 보

면 서서히 잃어가는 것들이다.

도박에 빠지면 다른 사람을 배려하는 마음이 조금씩 줄어들고, 사람보다 돈이 더 중요해진다. 또 정직해지기는커녕 아침부터 밤까지 거짓말을 습관처럼 내뱉는다. 꿈에서조차 거짓말을 한다. 겸허함도 사라지고, 자신 때문에 주변 사람들이 어려움을 겪는 데도 주눅이 들기는커녕 오히려 큰소리를 땅땅 친다.

그리고 반복적으로 빚을 져 가족들을 고생시키면서도 도리어 가족들을 비난한다. 자신의 죄는 모른 척하고, 오히려 가족들을 원망한다. 다른 사람이 조금이라도 마음에 들지 않는 행동을 하면 사납게 욕을 퍼붓는다. 다른 사람을 용서하는 일 따윈 없다. 신경이 늘 곤두서 있고, 뭐든지 비난할 거리를 찾는다. 나쁜 사람은 자신인데도 말이다. 관용을 한 점도 남기지 않고 전부 잃어버리는 것이다.

에라스뮈스가 이야기한 '관용'

관용의 토대를 이루는 것은 인문주의(Humanism)다. 휴먼(Human)은 인간이라는 뜻이므로, 인문주의는 '인간다움을 존중하는 사상'이라 할 수 있다.

이 사상을 역사적으로 거슬러 올라가 보면 르네상스 시대의 인문주의자(humaniste)에 도달한다. 그 대표적 인물이 네덜란드의 인문학자 에라스뮈스(Desiderius Erasmus, 1469년경~1536년)로, 그의 저서 가운데 하나인『우신예찬』은 당시 세간을 떠들썩하게 했다. 가톨릭교회의 제도와 성직자의 폐단을 비판하고 풍자했기 때문이다. 에라스뮈스는 가톨릭 신부인 동시에 박학다식하기로 유명한 고전학자이기도 했다. 그만큼 가톨릭 내부에서 엄청난 경악과 분노가 터져 나왔다. 에라스뮈스가 죽고 몇 년이 지난 뒤, 파리 소르본대학 신학대에서『우신예찬』을 금서로 지정했을 정도다.

하지만 이 책은 당시 세력을 키우던 종교개혁파의 신도들에게 큰 환영을 받았다. 종교개혁을 주창한 이는 독일의 마르틴 루터(Martin Luther, 1483~1546)였다. 루터도 원래는 가톨릭 신부였다.

에라스뮈스는 이 일로 난처한 입장에 놓이게 되었다. 에라스뮈스가 지향한 것은 어디까지나 가톨릭교회의 내부를 바로잡는 것으로, 루터가 이끄는 종교개혁운동의 호전적인 원리주의와는 뜻이 맞지 않았다.

루터가 이끄는 종교개혁은 원리주의였다. 마태복음 10장 34절 '내가 세상에 평화를 주러 왔다고 생각하지 마라. 평화가 아니라 칼을 주러 왔다'라는 구절을 목표로 내세웠기 때문이다. 게다가 자신들을 '신의 병사인 그리스도교도'로 정의했다.

에라스뮈스는 그들의 태도를 비난했다. "루터파는 복음을 입에

담으면서 자신들만이 유일한 주석자(註釋者)라 떠들고 다닌다. 복음을 방패삼아 세상을 혼란스럽게 하고 선한 사람을 매도한다. 그들에게는 복음을 예찬하는 행동이 조금도 없다."

그러자 루터파는 에라스뮈스를 반동분자로 매도했다. 에라스뮈스는 가톨릭교회 내에서도 배척을 받고, 종교개혁파로부터도 반동분자라는 공격을 받게 되었다.

이처럼 이러지도 저러지도 못하는 상황 속에서 에라스뮈스는 생을 마감한다. 그 순간에도 에라스뮈스가 꾸준히 설파한 것이 바로 관용의 정신이었다.

에라스뮈스는 자신이 루터의 사상에 동조해 신교도들과 함께 갈 경우 어떤 결과가 벌어질지 알고 있었다. 신교도 세력의 위세가 한층 커지면서 가톨릭교도와 본격적으로 대립할 것이 불 보듯 뻔했다. 양측 모두 복음을 내건 채, 칼과 칼을 부딪쳐가며 피로 피를 씻는 전쟁에 돌입할 것이 분명했다.

이러한 양날의 칼을 손에 쥐기를 거부한 에라스뮈스는 어느 쪽도 선택하지 않는 비겁한 자라는 조롱을 받았다. 애매모호한 태도를 취한 탓에 그는 무력한 인간이라는 평가를 받았다.

하지만 똑같이 '복음'을 내세운 사람들끼리 서로 칼을 휘두르며 피를 흘리는 것이 과연 진정한 '복음'일까? 에라스뮈스의 태도는 이러한 의문에서 비롯되었다. 동포끼리 서로를 박해하고 죽이는 일이 '복음'일 리가 없다. 진정한 '복음'에 다다르기 위해서는 서로 상대방의 입장을 존중하는 관용의 길을 찾아야만 한다. 에라스 뮈스는 이러한 관용이야말로 이성의 빛이라고 생각했다.

에라스뮈스의 만년에 드디어 그가 우려하던 사태가 벌어졌다. 유럽 각지에서 전란이 일어나 곳곳이 불타고, 구교와 신교 양측이 저마다 화형대를 설치하고 상대편을 그리스도의 이름으로 살육하기 시작한 것이다.

하지만 에라스뮈스가 씨앗을 뿌린 관용의 정신은 젊은 세대에게 이어졌다. 그중 한 사람은 프랑스 작가 프랑수아 라블레(François Rabelais, 1493년경~1553년경)이고, 또 다른 이는 프랑스의 사상가 미셸 몽테뉴(Michel Eyquem de Montaigne, 1533~1593)이다.

라블레

프랑스 리옹에 머물던 라블레는 스위스 바젤에 있던 에라스뮈스에게 "나의 모든 것은 당신에게서 힘입은 것입니다"라는 편지를 보낸다. 에라스뮈스가 죽기 4년 전의 일이었으므로, 아마 에라스뮈스는 자신이 뿌린 씨앗이 싹을 틔웠다는 것을 알고 내심 안도했을 것이다.

한편 몽테뉴는 에라스뮈스가 죽기 3년 전인 1533년에 프랑스에서 태어나 일생을 종교전쟁의 한복판에서 보낸다. 그럼에도 그는 이러한 혼란의 도가니 속에서 "나의 적이 갖춘 아름다운 성품을 인정하지 않을 수도 없고, 나에게 내 편인 사람들 안에 결점이 존재한다는 사실도 인정할 수밖에 없다"라는 글을 남긴다. 에라스뮈스가 말한 관용의 정신이 그에게 이어졌음을 알 수 있다.

라블레는 프랑스 중부에서 태어나 프랑스 각지에 위치한 다양한 성격의 수도원에서 수행했으나 수도회를 떠나 여러 대학을 전전하며 고전과 법률, 의학을 공부한다. 특히 의학에 뛰어난 재능을 보여 몽펠리에대학에서 의학박사 학위를 받는다. 프랑스 왕의 측근을 치료하는 어의로 일하는 한편, 『가르강튀아와 팡타그뤼엘』을 집필한다.

이 책은 에라스뮈스의 『우신예찬』보다 더 풍자가 가득하다. 말장난과 신조어를 이용해 성직자의 위선과 나쁜 행실을 세속적인 표현으로 헐뜯고 성기에 대한 노골적인 묘사와 분뇨 이야기까지 섞어가며 해학적으로 썼기 때문에 곧바로 당국의 분노를 샀다.

에라스뮈스 때와 마찬가지로 소르본대학 신학대의 신학자들은 라블레를 단죄한다. 경직된 사고를 지닌 신학자와 교회를 비판한 라블레의 독설이 이번에는 법률가를 향했다. 인간을 위해 법을 만들었음에도 법률가는 법률을 위해 법을 이용하고 인간을 불행하게 한다고 한탄한 것이다.

가톨릭교회 측으로부터 비난을 받을 때마다, 『가르강튀아와 팡타그뤼엘』의 다음 권이 나올 때마다 라블레의 글은 더욱 신랄해졌다. 이윽고 1552년에 출간된 『선량한 팡타그뤼엘의 무용(武勇) 언행록 제4의 서』에서는 마침내 교황까지 비판한다. 이에 신학자들이 온갖 말로 라블레를 매도한 것도 당연했다.

에라스뮈스와 대립한 루터처럼 당시에 라블레와 대립한 인물이 있었는데 바로 장 칼뱅(Jean Calvin, 1509~1564)이다. 칼뱅은 가톨릭 신부가 되기 위해 파리에서 신학과 고전학을 공부하고 있었다. 스물세 살에 발표한 글의 제목 「관용에 대하여」가 말해주듯이 젊은 시절 그는 인문주의자였다. 이 글은 로마 시대에 네로 황제의 스승이었던 세네카(Seneca)의 책을 번역하고 주해를 달아 출판한 것이다.

당시 가톨릭교회의 신교도 탄압이 날로 극심해진 탓에 신교도 측에서 순교자가 끊임없이 나오는 상황이었다. 칼뱅이 「관용에 대하여」를 쓴 것도 가톨릭교회 측의 인간으로서 장로들에게 관용의 필요성을 이야기하려는 의도에서였을 것이다.

하지만 이를 계기로 칼뱅은 탄압의 소용돌이에 휘말려 파리에서 도망쳐야 했고, 이후 프랑스 각지를 전전하다 스위스로 망명했다. 칼뱅은 그곳에서 『기독교 강요(綱要)』를 출간한다. 책의 서두에 실은 "국왕에게 바치는 글"에서 칼뱅은 성정이 온화한 신교도들을 이단으로 몰아 박해하는 왕의 어리석음을 지적한다. 그의 인문주의자로서의 면모가 뚜렷하게 엿보이는 대목이다.

하지만 그의 노력으로 제네바에 신교회가 설립될 무렵부터 칼뱅은 조금씩 변질되기 시작한다. 제네바를 신의 도시로 만든다는 이유로 반대자들을 숙청해나간 것이다. 사태가 이 지경에 이르자 라블레는 칼뱅을 '제네바의 사기꾼, 악마가 붙은 자'라고 비난한다. 칼뱅도 이에 뒤지지 않고 라블레를 '개, 돼지와 다를 바 없다'라고 헐뜯었다.

같은 인문주의자로 출발했지만 두 사람은 정반대의 길을 걷고 말았다. 어느 쪽이 인문주의자에 걸맞은 길을 갔는지는 명확하다.

라블레의 사후, 칼뱅은 자신이 설립한 교회의 이상을 지키기 위해 반대하는 사람들을 반동분자와 불평분자로 몰아 투옥, 추방, 처형하기 시작했다. 그의 만년은 온통 피로 물들었다.

몽테뉴

몽테뉴는 귀족 출신으로, 보르도의 시장으로도 일했다. 관습상 프랑스 국교인 가톨릭을 믿었으나 신교도와도 친하게 지냈다. 스물아홉 살에는 보르도 고등법원의 참사관 자격으로 파리에 머물렀다. 파리 고등법원이 그 산하에 있는 참사관들에게 가톨릭을 믿겠다는 서약을 강제로 받을 당시 마지못해 승낙한 것도 그 이유에서였다.

몽테뉴의 본심은 그가 저서 『수상록』에 적은 것처럼 "내 이성은 굽혀지거나 꺾이지 않는다. 굽혀지거나 꺾이는 것은 내 무릎이다"라는 것이었다.

몽테뉴의 『수상록』에는 투철한 이성과 빛나는 지혜가 가득 차 있다. 책에는 이런 내용이 나온다. 신교도군으로부터 루앙을 탈환하기 위해 구교도들이 국왕군을 따라 출전했을 당시, 남미대륙 원주민 몇 명을 만나게 되었다. 그 가운데 세 명이 새로운 것을 알고 싶은 마음에 프랑스로 건너와 당시 열두 살인 샤를 9세를 접견했고, 프랑스의 생활방식 등도 알게 되었다. 누군가가 이곳에서 가장 감탄한 것이 무엇이냐고 묻자 그들은 이렇게 대답했다.

"수염을 기른 덩치 크고 힘 센 남성들이 어린 소년 앞에 일제히 고개를 숙이고 있는 모습이 참으로 신기하다. 게다가 이 나라에는 안락하고 풍요로운 삶을 누리는 사람도 있는 반면, 제대로 먹지 못해 야윈 몸으로 문 앞에서 음식을 구걸하는 사람도 있으니 그 또한 이상할 따름이다. 그 야윈 사람들은 어째서 이러한 상황을 참고 견디는가? 그들이 안락하게 사는 사람들의 집에 불을 지르고, 그 사람들의 목을 조르려 들지 않는 것이 참으로 신기하다."

몽테뉴는 이러한 원주민의 생각이야말로 이성을 따른 것이라 칭찬했다.

또 당시 아메리카 대륙을 '발견'한 후에 유럽에서 화제가 된 원주민의 식인 관습에 대해서도 일가견을 피력했다.

몽테뉴는 원주민의 식인 관습은 인육을 먹는 것이 목적이 아니라, 복수를 표현하는 극단적인 방법이라고 이야기했다. 포르투갈 인들이 포로를 땅속에 반쯤 파묻고 상반신에 화살을 잔뜩 쏜 후에 목 졸라 죽인다는 사실을 알게 된 원주민들이, 그러한 방식이 더 잔인한 복수가 된다는 사실을 깨닫고 자신들의 식인 관습을 버리고 새로운 방식을 따르기 시작한 점을 증거로 들었다.

또한 몽테뉴는 원주민의 식인 관습을 야만스러운 행위라 비판하면서도 정작 사람을 불에 달군 쇠로 지지거나 짐승에게 물어 뜯겨 죽게 하는 야만스러운 행위를 돌아보지 못하는 자신들의 모습에 슬퍼하며 이렇게 말하기도 했다.

"살아 있는 인간의 몸을 갈라 조금씩 불에 구워 개나 돼지 무리에 던지는 것이 죽은 인간을 구워 먹는 것보다 훨씬 야만적이지 않은가."

또 몽테뉴는 아즈텍과 잉카 제국의 원주민에 대한 스페인의 비인도적인 처사도 비난했다.

스페인 사람들은 원주민에게 "우리는 세상에서 가장 위대한 군주 카스티야 왕의 명령을 받아 이 땅에 온 평화로운 사람들이다. 카스티야 왕께서는 하느님의 대표자이신 교황님으로부터 이 땅의 지배권을 받았으니 너희는 순순히 그 신하가 되어라"라고 말했다.

그 말에 원주민은 이렇게 답했다.

"당신들은 자신들을 평화로운 사람들이라 하지만, 전혀 그렇게 보이지 않는다. 당신들의 왕이라는 분이 이 땅을 갖고 싶어 하는 걸 보니 어지간히 형편이 좋지 않은 모양이다. 또 그 왕보다 위에 있다는 분은 자신과 아무 관련도 없는 이 땅의 지배권을 넘겨 이 땅을 소유한 이들과 분쟁을 일으키니, 그분 또한 꽤나 싸움을 즐기는 분인 모양이다.”

몽테뉴는 이 원주민의 말이 논리적으로 옳다는 사실을 인정했다. 침입자인 스페인 사람이 야만인이고, 그들의 행동은 그리스도교에 반하는 만행이라 평가한 것이다.

조용해서
눈에 잘 띄지 않는 생각

앞에서 말한 것처럼 에라스뮈스, 라블레, 몽테뉴 같은 인문주의자의 계보를 거슬러 올라가면 하나의 길이 나온다. 바로 사물의 도리, 인간을 인간으로서 존중하는 생각, 어느 한 쪽을 일방적으로 과도하게 편들지 않는 행위, 지나친 행위에 대한 경고가 담긴 조용한 길이다.

이 길에 담긴 사상은 요란하지도 않고, 사람들의 갈채를 받을 수도 없다. 너무 조용해서 눈에 잘 띄지 않는다. 이것이 관용의 본질이다.

마더 테레사의 다음과 같은 말에 그러한 진리가 담겨 있다.

> 그 사람이
>
> 힌두교를 믿든, 이슬람교를 믿든, 그리스도교를 믿든
>
> 그가 신에게 온전히 귀의했는지를 증명하는 것은
>
> 그가 이제껏 살아 온 삶이다.
>
> 우리는 누군가를 비난하거나 판단해서는 안 되며,
>
> 남에게 상처 주는 말을 해서도 안 된다.
>
> 신이 어떤 방식으로 그 영혼에게 나타나
>
> 당신이 머무는 곳으로 이끌지
>
> 우리는 알지 못하기 때문이다.
>
> 그런 우리가 어떻게 남을 비난할 수 있을까.

관용은 큰 힘을 발휘하지 못한다. 하지만 관용이 없으면 무슨 일이든 반드시 극단적인 방향으로 흘러간다. 이렇게 중요한 관용을 지탱하는 것이 바로 소극적 수용력이다.

도무지 해결할 수 없는 문제를 불확실한 상태로 끝까지 지켜볼 수 있는 힘이 관용의 불꽃이 꺼지지 않도록 지켜주는 것이다.

현대의 인문주의자
메르켈 총리

최근 국제사회에서 벌어지는 일들을 보면서 이러한 인문주의자의 계보를 충실하게 잇고 있는 인물이 있다. 바로 독일의 앙겔라 메르켈(Angela Merkel) 총리다. 2015년에 〈타임〉지가 29년 만에 '올해의 인물'로 선정한 여성이기도 하다.

그녀가 선정된 이유는 아마도 1년 사이에 세 차례나 위기를 맞은 유럽연합(EU)을 굳건히 이끌어간 그녀의 태도 때문이 아닐까 싶다.

그녀의 결단력이 빛을 발한 첫 번째 사건은 유럽연합 회원국인 그리스의 재정 위기였다. 이때 메르켈 총리는 그리스를 유럽연합에서 제외하지 않고 구제 방안과 개혁안을 제시했다. 막대한 적자를 짊어진 그리스를 유럽연합에서 탈퇴시키면 유럽연합의 이념이 무너진다. 그녀는 먼저 다른 나라의 적자를 구제하기 위해 세금을 쓰고 싶어 하지 않는 독일 국민들을 설득시켰다. 그리고 방만한 국가 경영으로 적자를 부풀린 그리스 정부에 혹독한 긴축재정을 요구했다. 결국 이러한 설득이 효과를 거두어 다른 유럽연합 국가도 메르켈 총리를 뒤따르게 되었다.

그녀의 결단력이 빛을 발한 두 번째 사건은 러시아의 푸틴 대통령이 우크라이나의 영토인 크림 반도를 침공한 것이었다. 이때 메르켈 총리는 러시아 경제 제재라는 대항책을 즉각 내놓았고, 그 결과 다른 서방 국가도 이에 동조했다. 러시아의 크림 반도 침공은 그야말로 19세기 제국주의 시대를 연상케 하는 야심 찬 행동으로, 결코 21세기의 국가가 할 만한 행동이 아니었다.

마지막으로 메르켈 총리의 결단력이 돋보인 순간은 유럽으로 몰려든 중동 난민 사태 때였다. 이때 메르켈 총리는 난민을 수용하겠다는 의사를 가장 먼저 표명했다. 반 년 뒤에 난민을 더 이상 수용하기는 힘들다는 성명을 발표하기는 했지만, 결과적으로 2015년에 난민 백만 명이 독일에서 새로운 삶을 시작했다. 난민들의 범죄가 증가하자 독일 내에서는 메르켈 총리의 결단을 비난하는 여론이 최고조에 달했다. 하지만 메르켈 총리는 조금도 움츠러들지 않았다. 그녀는 난민 백만 명이 훗날 독일을 위해 일할 것이라 강하게 확신하는 듯했다. 그 후 난민을 반대하는 사람들이 극우정당을 지지하면서 프랑스와 독일에서 극우정당이 많은 표를 얻었지만, 메르켈 총리는 지금도 자신의 판단이 옳았다고 생각할 것이다. 나 역시 그렇게 생각한다.

이러한 세 번의 결단의 밑바탕에는 인도주의가 깔려 있다.

그리스 정부는 분명 국가를 방만하게 경영해 파탄 직전까지 몰아넣었다. 하지만 그리스 국민에게는 죄가 없다. 메르켈 총리는 유럽연합에 속한 그리스 국민을 구해야 한다고 생각한 것이다.

러시아가 크림 반도를 침공했을 때도 메르켈 총리는 우크라이나 사람들의 인권이 침해당했다고 느꼈을 것이다. 그리고 중동에서 온 난민 중에는 어린아이도 많았다. 그 가운데 몇 명의 사체가 그리스 해안으로 떠밀려오자 메르켈 총리는 큰 충격을 받았다. 목숨을 걸고 유럽 각국으로 향하는 난민을 더 이상 두고 볼 수만은 없었다.

이러한 인도주의적 정신이 어떻게 그녀에게 뿌리내리게 되었는지를 생각해보면 많은 것을 배울 수 있다. 어릴 적부터 쌓은 수많은 경험이 메르켈 총리의 내면에 인간애와 관용, 인내를 형성했을 것이다.

메르켈 총리는 목사의 딸로 태어났다. 그녀는 목사인 아버지에게서 '자비가 곧 무기다'라는 가르침을 받았을 것이다. 동독에서 교육을 받은 메르켈은 일곱 살 때 베를린 장벽이 세워지는 것을 목격했다. 라이프치히대학에서 물리학을 전공한 그녀는 메르켈이라는 이름의 과학자와 결혼하지만 4년 후 남편과 이혼한다. 하지만 그녀는 이혼 후에도 메르켈이라는 성을 그대로 사용했다. 그후 화학자인 지금의 남편과 동거를 먼저 시작하고 나중에 결혼식을 올렸다. 또한 그녀 자신도 양자화학 분야에서 박사학위를 취득했다.

1989년 11월 9일, 베를린 장벽이 무너졌을 때 그녀는 서른다섯 살이었다. 그때까지 그녀는 소련권 국민에게 허용된 지역에 한해서만 여행할 수 있었다. 서독과 캘리포니아는 오직 텔레비전을 통해서만 볼 수 있었다. 그녀는 불가리아를 방문했을 때, 폐쇄된 국경 너머에 그리스가 존재한다는 사실을 실감했다.

메르켈은 서른여섯 살에 동독일 정부 대변인으로 발탁된 후, 서독과의 접촉을 시작했다. 동독과 서독이 통합되자 메르켈은 기독교민주동맹 소속으로 본격적인 정치가의 길을 걸었다. 통일 후 실시된 선거에서 승리한 기독교민주동맹 총재 헬무트 콜(Helmut Kohl)이 총리의 자리에 오르자 메르켈을 여성청소년부 장관으로 임명했다. 이때 그녀는 '겁이 많고 수줍음을 많이 타지만, 힘과 열의가 있다'라는 평가를 받았다.

1994년에 열린 선거에서 기독교민주동맹이 다시 한 번 승리하자 그녀는 환경·자연보호·핵안전부 장관에 임명됐다. 대립 관계에 있던 사회민주당은 그녀의 실력을 얕보고 있었다. 사회민주당 당수이자 1998년부터 2005년까지 독일 총리를 지낸 게르하르트 슈뢰더(Gerhard Schroder) 전 총리도 2005년에 실시한 선거에서 메르켈에게 질 거라고는 상상하지 못한 듯했다.

2005년에 메르켈은 쉰한 살의 나이에 독일 총리로 선출되어 독일과 유럽연합을 이끌게 되었다.

메르켈 총리는 목사인 아버지의 가르침에 깃든 그리스도교 정신을 품고 있을 것이다. 그리고 구소련 시절, 인권과 자유가 무시당한 동독에서의 생활도 그녀에게 큰 영향을 끼쳤을 것이다. 당시 동독이 거느린 시민생활 감시인이 무려 27만 명에 달했다고 하니 자유로운 발언 같은 것은 도저히 불가능했을 것이다.

이러한 두 가지 배경이 메르켈 총리에게 관용과 인도주의의 정신을 심어주었을 것이다.

난민 수용에 반대하는 독일 국민의 분노에 대처하는 메르켈 총리의 태도에서 소극적 수용력이 느껴진다. 비난을 받더라도 결코 물러서지 않고 상대방을 조용히 설득해 이성적으로 결론을 도출하는 그녀의 방식에 반대파도 어느 틈엔가 싸움을 멈추고 있다. 난민 대다수는 현재 언어 교육과 직업 훈련을 열심히 받고 있을 것이다. 메르켈 총리가 수용한 백만 명이 넘는 난민들은 향후 10년 혹은 20년 뒤에 독일을 지탱하는 원동력이 되고, 그와 동시에 자신들의 모국을 다시 부흥시키는 인재가 될 것이다.

관용과는 거리가 먼
트럼프 대통령

메르켈 총리와 무척이나 대조되는 인물이 바로 미국 대통령으로 당선된 도널드 트럼프(Donald Trump)이다.

- 미국 우선주의를 관철해 위대한 미국으로 다시 돌아가자.
- 방위비를 미국이 전부 부담하는 것은 불공평하다. 독일과 일본도

당연히 분담해야 한다.
- 의심되는 테러리스트는 전부 잡아들이고, 이슬람국가(IS)도 격파해
버리겠다.
- 이슬람 신자는 미국 입국을 전면 금지하겠다.
- 멕시코의 불법 입국을 막기 위해 국경에 장벽을 설치하겠다.
- (당내 경선 경쟁자인) 마르코 루비오는 꼬마고, 테드 크루즈는 거짓
말쟁이며, 젭 부시는 에너지가 부족하다.

대통령 선거 중에 내뱉은 트럼프의 발언 그 어디에서도 관용을
찾아볼 수 없다. 이처럼 거침없고 단정적인 말투는 예전에 이미
히틀러가 사용했다.

- 우리의 시노에 따라 향후 독일은 다시 위대하고 활기 넘치는 나라
로 되돌아갈 것이다.
- 오늘날 유대인이 우리 민족에게 끼치는 위험성에 우리 민족 대부분
이 반감을 느끼고 있다.
- 정치적 운동으로서의 반유대주의는 감정적인 판단 기준에 따른 것
이 아니라 사실 인식에 따른 것이므로 허용된다.
- 모든 독일인은 반유대주의자여야 한다.
- 유대계 신문은 국민에게 독을 살포하고 있다.
- 언젠가 태양이 다시 보일 날이 올 것이다.

- 국민이 일어나 태풍을 일으킨다.
- 우리의 강령을 실현하기 위해 우리는 죽음을 두려워하지 않고 무모해져야 한다.
- 전후 독일은 다른 나라의 쇠망치에 두들김을 당하는 모루였으나, 앞으로는 우리가 쇠망치가 되어 보지 않겠는가.
- 나는 오늘 예언 하나를 하려 한다. 만약 유럽 내외의 국제금융을 장악한 유대인들이 또 다시 각국의 국민들을 세계대전에 몰아넣으려 했다가는 유럽 내 모든 유대인종이 멸종되고 말 것이다. 전 세계가 볼셰비키(구 소련 공산당의 별칭)의 지배를 받거나 유대인이 승리를 거두는 일은 없을 것이다.

이처럼 관용과는 거리가 먼 연설은 독일 국민을 반유대주의로 몰아갔고, 제2차 세계대전을 일으키는 도화선도 되었다. 안타깝게도 일본 또한 이를 추종해 태평양 전쟁을 일으키고 말았다.

관용을 버린 태도는 대통령 선거에서 트럼프가 보인 언행에서도 쉽게 알 수 있듯이 뭔가 기세등등한 분위기를 풍긴다. 히틀러는 제1차 세계대전 이후 피폐해진 독일 국민을 열광시켰고, 트럼프 대통령은 발전에서 도태된 중산층 이하의 백인을 사로잡았다. 관용적인 사람과 그렇지 않은 사람이 논쟁을 벌이면 우위를 점하는 것은 십중팔구 관용적이지 않은 사람이다.

하지만 관용과는 거리가 먼 사람이 이렇게 승리를 거두고 활개

치며 돌아다닌다면 이 세상이 어떻게 될까? 역사를 19세기, 18세기로 되돌리는 꼴이 된다.

슬프게도 지금 우리 사회에는 불관용이 깊이 뿌리내리고 있다. 격차와 빈곤, 차별이 존재하는 때일수록 오히려 관용의 정신을 발휘해야 하지만, 여유라고는 조금도 없는 불관용이 이 세상을 지배하고 있다.

'장애인은 세상의 짐'이라 외친 후에 중증 장애인을 열아홉 명이나 살해한 젊은이가 있었는데 그의 생각은 장애인을 말살한 나치의 사고방식을 그대로 닮았다.

나치가 장애인을 말살한 방법은 두 가지였다. 첫 번째 방법은 아사였다. 식사량을 서서히 줄여 결국 아사시키는 것이다. 또 다른 방법은 병원에 입원한 중증 환자를 '집중치료병원'으로 이송하는 것이났. 그곳에서 어떤 치료가 행해졌는지는 아무도 모른다. 아마 가스실로 보내졌을 것이다. 이것이 아우슈비츠 수용소로 대표되는 유대인 학살의 준비 실험이 되었을 것이다. 그 모습을 나 또한 소설 『히틀러의 방어구』에 그린 바 있다.

사실을 말하자면 아사시키는 방법은 독일뿐만이 아니라 비시 프랑스(Vichy France, 제2차 세계대전 중인 1940~1944년에 나치의 점령하에 있던 프랑스 남부를 통치한 정권_역주) 정권 하에서도 사용되었다. 그 대상은 정신장애인이었다. 식사 섭취량을 단계적으로 줄여 결국 이들을 죽음에 이르게 했다. 병원 책임자는 결코 이들의 죽음을 '아사'로 기재하지 않았다. 심부전, 감염증, 폐렴 등을 사인으로 적었다. 이렇게 비시 프랑스 정권 하에서 기아 혹은 추위로 죽음을 맞은 정신병 환자만 무려 4만 명이 넘는 것으로 추정된다.

그렇게까지 극단적이지는 않더라도 고령자나 아동을 학대하거나 기초생활수급자에게 굴욕적인 발언이나 행동을 하는 근본에는 모두 불관용이 깔려 있다.

불관용의 끝은 과연 무엇일까? 그 끝은 전쟁이 아닐까? 나는 관용이야말로 평화를 지탱하는 정신이라고 생각한다.

〈타임〉지는 2016년에 '올해의 인물'로 트럼프 대통령을 선정했다. 메르켈 총리와 트럼프 대통령이 상징하는 것처럼 앞으로는 관용과 불관용이 서로 대항하는 시대에 돌입할 것이다. 에라스뮈스와 라블레, 몽테뉴가 살던 시대의 양상과 참 많이 닮았다.

불관용의 끝에
존재하는 전쟁

나는 고등학생 시절에 『들어라, 해신의 소리를』을 읽고 문장의 힘, 말의 힘에 매료되었다. 그 책에는 전쟁에 내몰린 어린 학생들의 마지막 말이 담겨 있었다. 당시 고등학생이었던 나보다 서너 살 정도 많은 이들이 전장에서 죽어야만 했던 현실이 가슴 아파 책을 읽는 동안 몇 번이나 울었는지 모른다. 학생들이 그토록 열심히 공부한 것은 전쟁에서 죽기 위해서가 아니었다. 학업을 끝마치지도 못한 채 부모님보다 먼저 세상을 떠나야만 했던 불합리한 현실에 나는 가슴이 무너져내렸다.

다행히 내가 살고 있는 시대에는 전쟁이 일어날 것 같지 않으니 내가 먼저 간 선배들의 몫까지 공부해서 열심히 살겠다고 맹세한 것이 지금도 기억난다.

젊은 시절에는 전쟁과 관련된 책을 많이 읽었다. 그중에서도 특히 우메자키 하루오의『사쿠라지마』, 시마오 도시오의『출발은 결국 오지 않고』, 그리고 오오카 쇼헤이의『포로기』를 좋아했다.

작가가 되고 나서는 작품 속에서 여러 차례 전쟁을 담아냈다. 나의 데뷔작『하얀 여름의 묘비』는 전쟁의 앙금이 남아 있는 전후의 시대를 그리고 있다. 단편집『가공의 서화판』에 실린「두개골에 선 깃발」에는 규슈제국대학 의대에서 벌어지는 미국인 비행기 조종사의 생체 해부 사건이 등장한다.『해협』은 전쟁 중에 지쿠호 지방의 탄광에 끌려가 일하게 된 조선인을 주인공으로 한 이야기다.『히틀러의 방어구』역시 전쟁 중의 독일을 무대로 하고 있다.『도망』은 홍콩에서 전쟁 중 헌병의 임무를 달성한 남자의 기록이다.『솔』(Solh, 페르시아어로 '평화'를 뜻함_역주)은 탈레반의 압제 하에서 열심히 살아가는 아프가니스탄 소녀가 주인공이다. 그리고 '군의관의 묵시록' 연작『파리의 제국』과『반딧불이의 항적』은 제2

차 세계대전 하에서 군의관 서른 명이 겪는 고뇌를 그렸다.

전쟁 후에 태어났음에도 이처럼 전쟁을 다룬 소설을 쓰게 된 동기는 사춘기 시절에 『들어라, 해신의 소리를』을 읽고 받은 충격이 너무나도 생생했기 때문이다. 장래를 포기하고 전장으로 향해야만 했던 젊은이들만큼 불쌍한 사람은 없다. 이제껏 배운 지식이 휴지조각이 되고, 자신은 이제 사람을 죽이는 도구 취급을 받게 되는 것이다. 심지어 전쟁을 일으키는 이들은 어린 청년이 아니라 전장에 나가지 않는 어른들이다. 이렇게 불합리한 일이 또 있을까?

『들어라, 해신의 소리를』에 유서가 남겨진 젊은이들이 어떻게 전장으로 내몰렸는지 그 길을 살펴보자. 전장으로 향하는 길은 어느 날 갑자기 생긴 것이 아니다. 수년 전부터 누군가 그 포석을 깔아온 것이다.

일본에서는 메이지 헌법의 규정에 따라 남자는 만 스무 살이 되면 징병검사를 받고, 검사에서 합격하면 일정 기간 육군이나 해군에 복무해야 할 의무가 있었다. 이것이 '병역의 의무'다.

반면 '병역 유예'라는 혜택도 있었다. 문부성이 관할하는 대학, 고등학교, 전문학교, 대학 전문부(단과대)에 재학 중인 학생은 만 스물여섯 살이 될 때까지 군복무가 연기되었다. 물론 그때가 되면 징병되었다.

전세가 불리해진 1943년 10월 초, 도조 히데키(東條 英機) 내각은 이러한 '병역 유예' 혜택을 없애는 임시 특례법을 제정했다. 그 결과, 당시 스무 살을 넘은 학생 약 15만 명(대부분 1921~1923생)이 자신의 본적지에서 징병검사를 받아야만 했다.

검사에 합격한 이들 가운데 육군은 1943년 12월 1일, 해군은 12월 10일에 입대했다. 당시 전황은 대륙에서 태평양 서남 전역으로 전선이 확대되었고, 일본이 패전하면서 병력의 소모가 두드러지던 상태였다. 특히 하급지휘관이 심하게 부족해 군 전문기관인 육군사관학교, 해군병학교, 육군경리학교, 해군경리학교 등에서 양성된 군인만으로는 그 수를 다 충족하지 못하고 있었다.

그에 앞서 문부성이 주도한 재학 연한 단축 조치가 있었다. 물론 군부의 강한 요청이 있었기 때문이다. 1942년 3월 졸업예정자는 반 년 이른 1941년 12월에, 1943년 3월 졸업예정자도 반 년 이른 1942년 9월에 졸업시켰다. 그리고 1944년 3월 졸업예정자도 마찬가지로 반 년 이른 1943년 9월에 졸업시켰다. 졸업생들에게는 당연히 징병이 기다리고 있었다.

하지만 이것으로 만족하지 않았다. 도조 내각은 학생들을 모조리 징병하기 위해 앞서 말한 것처럼 1943년 10월 초, 징병 유예 혜택을 폐지했다.

그리하여 전국 대다수의 학생이 입대하게 되었다. 10월 21일에 메이지신궁 외원 경기장에서 '출진 학도 장행회'가 개최되었는데, 출진 장행회는 학생들의 수업으로 여겨졌다. 도쿄도, 가나가와현,

치바현, 사이타마현에 위치한 대학·고등전문학교·사범학교 등 총 77개 학교에서 약 10만 명(추정)이 참가했는데, 정확한 인원수는 군사 기밀로 분류되어 공표되지 않았다.

이들의 가족과 여자전문학교 학생, 남녀 중학생 등 총 107개 학교에서 나온 7만 5,000명이 이들을 배웅했다. 마침 그날 비가 왔는데, 학생들은 육군 도야마학교 군악대가 연주하는 군가 '발도대(拔刀隊)'에 발을 맞추어 열병식 행진을 했다. 제복과 모자가 흠뻑 젖은 데다 어깨에 받친 총은 차갑기만 했고 각반을 감은 구두에도 빗물이 들어갔다.

스탠드에서 박수를 보내는 여학생들도 우산이나 코트를 걸치지 않아 마치 물에 빠진 생쥐처럼 흠뻑 젖었다.

학생들의 출진식에서 도조 총리는 "제군들이 학교에 나약하게 앉아 있지 않고 당당히 출정하여 선조의 기개를 드높이고 위협이 되는 적들을 섬멸하여 천황 폐하를 보필해야 할 날이 온 것이다"라고 연설했다.

이어서 오카베 나가카게 문부대신이 출정사를 했다. "너희는 단순한 학생이 아니다. 이제 온몸을 바쳐 천황 폐하의 강력한 방패가 되는 중요한 사명을 짊어질 때가 왔다."

뒤이어 재학생 대표로 게이오대학 의대에 재학 중인 오쿠이 신지가 출정사를 읊었다. 이 출진에서 면제를 받은 것은 오직 의대 학생들뿐이었다. "여러분이 학교를 떠나 전장으로 향한다고 해도 이는 결코 학생의 본분을 저버리는 것은 아니며, 학교에 남게 될 우리도 마찬가지로 병사로서의 본분을 잊지 않을 것입니다."

이 말에 도쿄제국대학 문학부에 재학 중이던 에바시 신시로가 답사를 낭독했다. "이제 우리는 적을 무찌를 총칼을 높이 들고, 오랜 인고의 세월 속에 정진하고 연구해온 것을 모두 이 영광스러운 중책에 바칠 것이다. 우리는 그 누구보다 앞장서서 강한 적들을 섬멸할 것이며, 살아서 돌아오기를 기대하지 않는다."

그러나 전쟁의 열기는 점차 수그러들었고 곳곳에서 패전 소식이 들려왔다. 출진 장행회에 참석한 학생들은 각자 고향에서 징병 검사를 받고 12월에 입대했다. 아마 살아서 돌아오는 것은 그저 이룰 수 없는 꿈이라 생각했을 것이다.

사실 이듬해인 1944년이 되자, 2월에 트루크 제도(Truk Islands. 태평양 서부의 캐롤라인 제도 중부에 위치한 섬으로, 지금은 추크 제도라 한다_역주)가 미군의 공습을 받아 군 항공기 270척이 파손된다. 6월에는 필리핀해 해전(마리아나 해전)에서 크게 패하고, 7월에는 사이판 섬에서 수비대 3만 명이 전멸했다. 또 70%가 넘는 사상자를 낸 임팔 작전도 중지되었다. 이 일로 도조 내각은 총사퇴했고, 고이소 구니아키(小磯 国昭) 육군대장과 요나이 미쓰마사(米内 光政) 해군대장이 공동으로 이끄는 내각이 전쟁 지속을 목적으로 출범했다.

각지에서 병사들이 끊임없이 주어갔고, 특별공격대(가미카세)

출격·식량 부족·공습·강제 소개·중년층 징집 등이 이어지면서 패색이 짙어져만 갔다.

전사자의 말, '들어라, 해신의 소리를'

『들어라, 해신의 소리를』에 마지막 말을 남긴 젊은 이들은 이 과정에서 산화했다.

우에하라 료지. 게이오대학 경제학부 학생. 육군 특별공격대원(가미카제)으로 오키나와의 가데나 지역에 있는 미국 기동부대에 돌입해 전사. 22세.

"전쟁에서 그 나라가 추구하는 가치를 보면 전쟁의 승패를 미리 알 수 있습니다. 인간의 본성에 맞는 자연스러운 가치를 내세운 나라가 이길 것이 불 보듯 뻔합니다."

요시무라 도모오. 와세다대학 문학부 국문학과 학생. 필리핀 서쪽 해상에서 전사. 22세.

"오늘날처럼 시대가 혼란스러워지면 학자는 두 갈래로 나뉠 것이다. 자신의 학문을 믿고 현시대를 비판하려는 사람과 학문 같은 것은 거들떠보지도 않고 현실에 휩쓸려가는 사람으로."

오카모토 가오루. 와세다대학 학생. 중국 전선에서 전사. 나이 불명.

"인간이 살면서 의식적인 생활을 하고, 망막한 무엇인가를 동경하는 한, 우리는 이 고독을 슬픈 동반자로서 지니고 있어야 할 운명에 있다."

이타오 요이치. 도쿄상과대학(현 히토츠 바시대학) 대학생. 혼슈 동쪽 해상에서 전사. 21세.

"7시 반부터 시작된 도조 총리의 강연에 늦지 않게 갔다. 올 것이 왔다. 이것들은 우리의 앞날에 결정적인 영향을 끼칠 것이다. 학생들의 징병 유예 정지, 법학·경제학·문학을 가르치는 모든 학교의 교육 정지 및 정리 통합."

사토 다카시. 도쿄미술학교 유화과 학생. 필리핀 루손 섬에서 전사. 21세.

"내가 사랑했던 여인들은 시집을 가겠지. 낯선 사람에게.

앞으로 생각지도 못한 사람이 죽어서 이 세상에서 사라질 것이다.

나도 그 가운데 생명이 꺼질지 모르지.

하지만 무슨 일이 있어도 변하지 않는 것이 있다면

그것은 아마 내가 이제껏 고뇌와 번민 속에 그린 그림일 것이다.

그림은 영원히 남아 주겠지."

가토 신이치. 교토대학 경제학부 학생. 버마(미얀마)에서 전사. 22세.

"오랜만에 돌아온 교토가 비로 깨끗해진 것은 신의 뜻이 분명하다고 감사히 생각했다. 도쿄에 있을 때는 교토에 가면 이제 마지막이니 여기도 가보고 저기도 가보자고 생각했지만, 막상 와보니 처리해야 할 일도 있고 입영 준비도 해야 하는 데다 무엇보다 친구가 한 발 앞서 입영한 후 공허함에 시달려 그 무엇도 할 수 없었다. 그렇지만 오늘 하루만큼은 학생 신분으로 있고 싶어 교실에도 가보고, 읽고 싶었던 책도 읽고, 그동안 해온 일도 정리하며 부지런히 움직였다. 하지만 무엇보다 가장 중요한 것은 학문의 정신을 잃지 않는 것이라 생각하니 책상 앞에 멍하니 앉아 생각하는 시간이 많아진 것 같다."

야마네 아키라. 도쿄대학 문학부 사회학과 학생. 중국 창사에서 전쟁 중에 병사. 20세.

"기숙사 축제, 고교야구 일고전, 동아리 활동. 나는 여기에 온 정신을 쏟아냈다. 이것들을 경험한 것을 결코 후회하지 않는다. 이것들은 열과 성을 다할 수 있는 하나의 에덴동산이었다. 이제는 두 번 다시 돌아갈 수 없는 영원한 동경의 대상이 되고 말았다."

히라이 기요시. 도호쿠대학 법문학부 학생. 센다이에서 폭사. 20세.

"전과를 하라는 어머니의 권유가 더 심해졌다(당시 의대 학생들은 징집에서 제외되었으므로 전과를 권한 것으로 보인다_역주). 단 하나뿐인 아들이 잘 성장하기만을 바란 어머니는 가만히 앉은 채로 자식을 사지로 몰아넣는 끔찍한 상황을 원치 않으셨을 것이다. 그런 우울한 걱정에 휩싸인 어머니는 거의 눈물이라도 흘릴 듯한 표정으로 내게 미친 듯이 애원하셨다."

기쿠야마 유키. 도쿄대 법학부 학생. 필리핀 루손 섬에서 전사. 23세.
"내가 총을 든 것은 과연 폐하를 위한 것일까, 아니면 (관념상의) 조국을 위한 것일까? 아니면 나를 끔찍이 사랑하시는 부모님을 위한 것일까? 그도 아니면 나의 고향인 일본의 자연을 위한 것일까, 아니면 이들 전부 혹은 그 일부를 위한 것일까? 하지만 지금의 나에게는 이들을 위해 나의 죽음을 거는 일이 해결되지 않은 채로 남아 있다."

사사키 하치로. 도쿄대학 경제학부 학생. 쇼와 특공대원(가미카제)으로 오키나와 해상에서 전사. 23세.
"우리는 경제학을 자신에게 주어진 의무라 생각하고 필사적으로 연구해왔다. 그것이 이 길을 스스로 선택한 나의 의무이기 때문이다. 게다가 강한 체력을 타고나 다른 사람보다 활동 능력이 더 뛰어난 나에게는 내 한 몸을 나라를 위해 바칠 수 있는 행복한 의무 또한 있다."

마쓰오카 긴페이. 도쿄대학 경제학부 학생. 버마(미얀마)에서 전사. 22세.

"솔직히 말하면 정부여, 지금 일본이 벌이고 있는 이 전쟁이 승산이 있다고 생각해 끌고 있는 것인가? 그저 막연한 승리만을 꿈꾸며 싸우고 있지 않은가? 일본이 반드시 이길 거라고 국민들에게 단언할 수 있는가? 승리를 단언하기 위해 늘 거의 불가능에 가까운 조건을 붙이고 있지 않은가?"

학생 신분으로 출진 장행회에 참가하고 징병검사를 받고 입영했다가 결국 전사한 학생 열한 명이 남긴 말을 옮겨보았다. 모두 전쟁으로 인생의 싹을 제대로 피우지도 못한 채 죽음을 맞았다.

전쟁은 이처럼 나라의 보물이라 할 수 있는 젊은이들의 생명을 너무나도 쉽게 앗아간다. 전쟁을 일으키는 이들은 이러한 젊은이들이 아니다. 분별력이 있어야 할 어른들, 중장년층이다.

이 열한 명 가운데 그림을 전공한 사토 다카시는 자신이 죽더라도 자신의 작품만은 영원히 남을 것이라고 말했다. 이렇게 전쟁에서 죽은 젊은 화가들의 그림을 전시한 곳이 있다. 나가노현 우에다시에 위치한 무언관(無言館. 무곤칸)이다.

이곳에 전시된 그림을 보고 있노라면 '만약 전쟁이 일어나지 않았더라면, 아니 일어났다 하더라도 이들이 살아서 돌아왔다면 과연 어떤 작품을 그렸을까' 하는 상상을 하게 된다. 전쟁은 이처럼 미래에 작품이 탄생할 기회까지 모두 막아버렸다.

화가 노미야가 교지는 1943년 11월 중국 동북부의 만주 목단

강성에 출정했다가 병에 걸려 본국으로 소환된 후 패전을 맞았다. 그 후 전사한 미대생의 유작을 수집해 '무언관'의 기초를 만들고, 다음과 같은 글을 남겼다.

> 어느 날, 길가에 아름다운 색 조각이 번져 있는 것을 발견했다. 얼어붙은 눈을 구두 끝으로 한참 깬 후에야 나는 드디어 그 색을 손에 넣을 수 있었다. 그것은 그저 평범한 귤껍질이었다.
>
> 나는 그 순간, 물감을 투명하고 얇게 덧발라 공기층을 만들어냈다는 중세 유럽 화가의 뛰어난 기법을 비로소 실감할 수 있었다. 만약 살아서 돌아갈 수 있다면 그림을 그리고 싶다는 생각이 그때만큼 절실했던 적이 없다.
>
> 그 후로 오랜 세월이 지나 나는 지금까지 이렇게 그림을 마주하고 있지만 돌아오지 못한 친구들은 변방에서 어떤 심정으로 숨을 거두었을까? 나는 그들 한 사람 한 사람에게 고개 숙여 인사하고 싶다.

전쟁은 병사뿐만 아니라 일반인들까지 지옥도의 일부로 만들어버린다. 『인간의 조건』을 쓴 고미카와 준페이는 아버지가 러일전쟁 후 만주로 건너가 그곳에서 낳은 '만주 2세'였다. 일본에서 학교를 마치고 만주로 돌아간 그는 안산의 제철소에서 일하다가 현지 소집을 당해 소련과 만주의 국경에 배치된다. 일본군의 패색이 짙어진 8월 9일, 소련이 참전을 선포하고 단숨에 만주를 침공했다. 이때 그가 소속되어 있던 중대는 소련 전차부대의 맹공으로 괴멸 직전까지 갔다. 살아남은 병사는 패잔병 신세가 되었다.

사실을 말하자면 그보다 두 달 전, 대본영(일본이 전시에 천황 직속으로 두었던 최고 통수부)은 사태가 악화되면 만주의 북부 4분의 3을 포기하고, 다롄과 신징(新京. 만주국의 수도)을 잇는 곳에 방어선을 구축하려 했다. 그렇기에 8월 10일에는 군인들의 가족을 미리 남쪽으로 내려 보내고, 12일에는 관동군(만주국 시절, 만주에 주둔한 일본 육군 부대_역주)과 정부기관도 일제히 남하시켰다.

딱하게 된 것은 만주의 북부 지역에 남아 있던 재류 일본인이었다. 파죽지세로 침공해온 소련군의 약탈과 폭행뿐만 아니라 그동안 복수의 칼을 갈고 있던 현지인의 공격까지 당해야 했다. 이들은 패잔병 신세가 된 고미카와 준페이 일행에게도 함께 데려가 달라고 매달렸다. 하지만 피로가 누적된 탓인지, 잠시 쉴 때마다 함께 가는 사람 중에서도 낙오자가 생겨 그 수가 점점 줄어들었다. 그 후에 일어난 참상은 작가가 남긴 글을 그대로 읽는 편이 나을 것이다.

나흘째 저녁, 기운이 다 빠져 누워 있는데 한 여인이 마치 유령처럼 걸어왔다. 그런데 함께 있어야 할 아기가 보이지 않았다. 어떻게 된 일이냐고 캐묻자 그 여인은 생기를 잃은 탁한 눈빛으로 나를 바라보며 '더 이상 안고 걸을 수가 없었어요. 한 걸음도…… 버리고 왔어요'라고 신음하듯 말했다.

밀림지대의 가장자리에는 무참하기 이를 데 없는 기아 지옥이 펼쳐져 있었다. 사체에 익숙해졌다고 여긴 나조차 절로 눈살을 찌푸릴 만큼 끔찍한 광경이었다.

손에 콩깍지를 꽉 쥔 어린이, 늙은 부인을 끌어안은 듯한 자세의 노인, 여자, 남자가…… 저마다 멀리 떨어진 곳에 죽어 있었다. 사체는 이미 잔뜩 말라 있었다. 남자는 여자를 버리고, 여자는 아이를 버리고, 아이는 부모를 버린 채 헤맸을 것이 분명하다. 그들은 마치 사신이 들판에 누고 간 똥처럼 아무렇게나 널브러져 있었다.

이것이 전쟁의 실상이다. 『들어라, 해신의 소리를』의 편집에 참여한 와타나베 가즈오는 책의 서두 "감상"의 글에 프랑스 시인 장 타르디유(Jean Tardieu)의 짧은 시를 인용하며 "젊은 나이에 비명횡사를 강요받은 학생들을 위해 진심을 다해 묵념을 올리고 싶다"라고 썼다.

그가 인용한 시는 다음과 같다.

죽은 사람들은 이제 돌아올 수도 없는 상황에서
살아남은 사람들은 무엇을 알아야 할까.

죽은 사람들은 이제 슬퍼할 수도 없는 상황에서

살아남은 사람들은 누구에 대해, 무엇을 슬퍼해야 할까.

죽은 사람들은 이제 가만히 있을 수조차 없는데
살아남은 사람들은 침묵을 지키고 있어야만 할까.

침묵을 지키고 있어서는 안 된다. 모두 크게 목소리를 내어 전쟁만큼은 반드시 막아야 한다.

정치인에게 결여된
소극적 수용력

전쟁이 시작되기까지의 과정을 되짚어가다 보면 소극적 수용력이 결여된 정치인들을 발견할 수 있다. 어떻게 해야 할지 모를 불확실한 상황을 견디지 못하고 '에잇, 될 대로 되라'라는 식으로 전쟁에 돌입해버린 한심한 지도자들의 뒷모습이 보여 견딜 수가 없다.

우선 일본이 중국에 침입하는 계기가 된 만주사변을 살펴보자.

1931년 9월, 봉천(지금의 선양) 교외의 유조호에서 남만주 철도가 폭파되었다. 일본군은 이를 중국군의 범행으로 단정 짓고 군사 행동을 확대했다.

중국은 국제연맹에 이를 제소했고, 일본을 제외한 이사국 전체가 합의해 영국의 리튼 백작을 단장으로 한 조사단을 파견하기로 결정한다. 하지만 일본군은 그런 세계정세에도 아랑곳하지 않고 전쟁을 확대했고, 마침내 만주국 건국을 선언했다.

리튼 백작이 이끈 조사단은 이듬해 10월, 만주사변을 일본의 침략행위로 규정했다. 그 이듬해 2월에는 국제연맹 총회에 권고결의안이 제출되었다. 이는 일본의 침략행위를 인정하는 것일 뿐만 아니라, 만주에서 일본군이 철수하라고 촉구하는 것이기도 했다.

이러한 권고결의안이 채택될 것을 예상한 마쓰오카 요스케 전권대사는 회의장을 박차고 나가 연맹을 탈퇴해버렸다. 이로써 일본은 고립된 길로 나아가기 시작한다.

이럴 때일수록 지도자는 한 번이 아니라 두 번, 아니 세 번 더 생각하며 심사숙고했어야 한다. 하지만 그러지 못했다. 소극적 수용력을 완전히 상실한 것이다.

사실은 이때 일본 국민들도 국제연맹 탈퇴 소식을 듣고 크게 기뻐했다. 결국 전 국민이 소극적 수용력을 상실한 상태였다고 할 수 있다.

중일전쟁은 계속되었고 사태는 더욱 악화되어만 갔다. 그러다 마침내 일본은 미국에게까지 선전포고를 하고야 말았다. 당시의 위정자들 또한 소극적 수용력을 갖추지 못한 것이다.

일본이 전쟁을 일으킨 원인으로는 미국 코델 헐 국무장관이

1941년 11월에 노무라 기치사부로 주미대사와 구루스 사부로 특파대사에게 제시한 '포괄적 기초협정안'이 지목되고 있다. 헐 노트(Hull note)라고도 불리는 이 협정안의 골자는 ① 일본·미국·영국·네덜란드·소련·태국 간에 불가침 조약 체결, ② 중국과 프랑스령 인도차이나로부터 병력 철수, ③ 충칭의 국민당 정부 승인, ④ 중국에서 얻은 권익의 포기, ⑤ 일본·독일·이탈리아의 삼국동맹 파기였다.

헐 국무장관은 그보다 앞선 4월에 이미 다음과 같은 네 가지 원칙도 제시한 바 있다. ① 모든 국가의 영토보전과 주권의 존중, ② 내정 불간섭, ③ 기회 균등, ④ 평화적 수단을 사용하지 않는 한 태평양을 현재 상태에서 바꾸지 않을 것 등이었다.

이러한 네 가지 원칙을 제시한 후, 7월에 미국과 영국은 일본의 자산을 동결하고, 8월에는 미국이 일본으로의 원유 수출을 전면 정지하는 경제봉쇄를 시작했다. 미국은 이처럼 경제봉쇄를 먼저 한 다음 요구사항을 제시하는 용의주도함을 보였다.

일본이 이러한 요구를 받아들인다면 대륙과 프랑스령 인도차이나 진출, 그리고 독일·이탈리아와 맺은 삼국동맹에서도 발을 빼야 했다. 애써 얻은 영토를 포기하기도 쉽지 않은데다, 동맹국인 독일은 히틀러라는 강력한 지도자를 얻어 기세가 등등한 상태였다. 만약 미국이 제시한 모든 제안을 받아들인다면 지금까지 얻은 권익을 포기하고 독일과의 관계도 끊어야 했다. 일본으로서는 실로 어려운 선택이었다. 협상을 하려고 해도 어디서부터 손을 대야 할지 알 수가 없을 만큼 쉽지 않은 상황이었다.

하지만 일본은 이때 이미 군부가 국가의 운명을 좌우할 실권을 장악하고 있었다. '고생 끝에 얻어낸 '영토'를 이제 와서 포기한다는 것은 언어도단이다. 게다가 나치 독일은 6월에 300만 명의 병력을 이끌고 소련을 침공했다. 만약 독일군이 뒤를 받쳐준다면, 그리고 일본과 독일이 동서로 손을 잡는다면 다른 서구 열강쯤은 쫓아낼 수 있다.'

이렇게 생각하는 군인의 논리에서 보자면 이러한 난국을 타개하는 방법은 당연히 전쟁밖에 없다. 군인의 머릿속에는 소극적 수용력 같은 것이 들어 있지 않은 것이다.

앞서 이야기한 전쟁은 국가의 주권을 군부에게 빼앗긴 시점에 이미 파멸의 길을 걷기 시작한 결과라고 할 수 있다. 군대는 소극적 수용력과는 거리가 먼 존재다. 만약 군대가 활개를 치고 돌아다니기 시작하면 관용의 정신이 짓밟힐 것이고, 그 앞에는 전쟁이 기다릴 것이다.

평화를 유지하려면 위정자는 물론이고 국민 한 사람 한 사람이 모두 소극적 수용력을 발휘해야만 한다.

:

다시 한 번 공감에 대해

공감의 성숙에 다가가는 소극적 수용력

벌써 40년 가까이 지난 일이다. 규슈대학 의대 정신과에 들어간 의사 열 명이 교수실에 불려갔다. 그들을 부른 교수는 훗날 정신의학 분야에서나 문장에 있어서나 나의 은사가 된 나카오 히로유키 선생님이었다. 함께 이야기를 나누던 중, 동기인 M선생이 자세를 바로 하고 나카오 선생님에게 물었다. 정신과 의사에게 가장 중요한 것은 무엇이냐고.

선생님의 대답은 놀랍게도 '친절'이었다. 좀 더 고매한 답변을 기대했던 우리는 다들 맥이 빠져버렸다. 그 모습을 본 선생님은 이렇게 덧붙였다.

"미국에서는 'You are kind'라는 말이 최고의 칭찬입니다. 그러니 친절을 목표로 삼으면 후회하지 않을 겁니다."

전쟁이 끝난 후 미국에서 오랫동안 연구원 생활을 한 나카오 선생님다운 답변이라는 생각이 들었다. 선생님의 말에 크게 감명을 받은 나는 그 후로 '친절'의 의미를 특별하게 받아들이게 되었다. 그래서 예전에 쓴 소설 『까막까치밥나무의 춤』(1983)에서 주인공이 유학 중에 만난 은사의 말을 통해 이러한 '친절'에 대해 언급하기도 했다.

그리고 공감(empathy)에 관한 글을 거듭 써온 지금, 친절이야말로 공감으로 향하는 입구라고 확신하게 되었다.

사실 내가 소극적 수용력에 관한 책을 쓸 수 있도록 동기를 부여해준 정신과 교수가 한 명 더 있다. 벌써 25년 이상 교분을 맺고 있는 한국의 이호영(李鎬榮) 선생이다.

정신과 의사였던 이 선생의 아버지는 전쟁이 일어나기 전에 가족을 데리고 규슈대학으로 유학을 와 있었다. 뇌병리를 배우기 위해서였다. 그때 이 선생은 두 살이었기 때문에 하카타에서 보낸 생활을 기억하지 못했다. 이 선생의 아버지는 노인성 반점 연구로 박사학위를 취득하고 모국으로 돌아갔다. 그 후로 건재하셨다면 전후 한국정신의학 분야에서 중요한 역할을 하셨겠지만, 안타깝게도 전쟁 말기에 발진티푸스에 걸려 마흔한 살의 젊은 나이에 숨을 거두었다.

이호영 선생은 그 후 연세대학교 의대에 입학했으나 재학 중에 한국전쟁이 일어나 군의관으로 소집되었다. 졸업 후에 미국으로 건너가 그곳에서 20년 가까이 생활했으며, 1984년에 한국으로 돌아와 모교인 연세대학교 의대의 정신과 교수를 맡게 되었다.

이 선생은 1988년, 아버지가 남긴 박사 논문을 찾기 위해 규슈대학 정신과의 나카오 선생님을 찾아왔다. 그런데 마침 그 해에 나카오 선생님이 정년퇴임을 하는 바람에 의국장을 맡고 있던 내가 대신 응대하게 되었다. 다행히 아버지의 박사논문은 의학도서관에서 발견할 수 있었다. 한국은 전쟁으로 워낙 혼란스러웠기에 국내에 아버지의 논문이 남아 있지 않았다.

이 선생은 1993년에 연세대학교를 퇴임한 후, 수원에 있는 아주대학교의 초청을 받아 1998년부터 2000년까지 총장을 맡기도 했다. 그 후 나는 2013년에 이 선생을 방문했는데, 이때 이 선생의 안내로 서울과 강화도에 위치한 정신과 시설을 견학할 수 있었다.

2015년에 이 선생 부부는 딸 가족이 살고 있는 미국 뉴저지에 가서 살기로 결심하고, 그 전에 일본의 우리 집에 잠시 들렀다. 아마 이번에 가면 생전에 다시 보지 못할 수도 있다는 생각에서였을 것이다.

집에서 식사를 하던 중에 이 선생이 이런 말을 했다. "인간이 가진 최고의 재산은 '공감'입니다. 이건 동물들도 갖고 있지요."

인간의 삶에 공감이 매우 중요하다는 사실은 예전부터 알고 있었지만, '인간이 가진 최고의 재산'이라고 단언하는 말을 들으니 그제야 뭔가 이해되는 기분이 들었다.

또 '공감은 동물들도 갖고 있다'라는 말을 들으니 문득 어떤 동물실험이 떠올랐다. 실험용 쥐를 넣은 우리 두 개를 나란히 놓고, 한쪽 우리에는 물을 부어 쥐가 익사하기 직전까지 스트레스를 가한다. 다른 우리에 넣은 쥐는 그 모습을 바라보고 있게만 한다. 그리고 나중에 스트레스성 위궤양의 유무를 조사하자 익사 직전까지 스트레스를 받은 쥐에서 당연히 위궤양이 발견되었다. 그런데 놀랍게도 그 모습을 옆에서 지켜보기만 했던 쥐에게도 같은 병변이 나타났다. 이것이 동물이 가진 공감의 원형이라 결론지을 수 있다.

이 선생은 미국으로 건너간 후에도 가끔씩 내게 메일을 보냈다. 손자가 다니는 미국의 초등학교에서 공감 능력을 키우기 위해 아이들에게 얼마나 힘을 쏟고 있는지 목격하고 몹시 놀랐다고 한다. 그의 손자는 학교에서 친구끼리 서로 돕는 것을 배우고, 팀플레이를 즐기며, 다른 아이의 입장이 되어 생각하는 습관을 기른다고 한다. 조금 더 자라면 그룹별 토론이나 행동 결정을 통해 자신과 다른 사람의 의견이 다를 수 있다는 것을 알고, 서로를 이해해 마침내 합의에 이르는 과정을 배운 것이다.

또 이 선생의 말에 따르면 이 과정에서 아이들의 '사회적 뇌(social brain)'가 성숙하고, 타인의 기분을 알고 이해하는 토대가 형성된다고 한다. 다음 단계는 타인의 감정이나 고통을 나누는 능력을 기르는 것이다. 이렇게 하면 설령 대립이 생긴다 하더라도 좀 더 밝은 미래를 향한 전망을 잃지 않을 수 있다.

이 선생의 말에 따르면 그보다 더 높은 단계인 '영적 공감'이 기다리고 있다고 한다. 즉 인간 역시 생물이기에 공감의 토대를 타고나기는 하지만, 이러한 토대를 더 깊고 단단하게 만들려면 부단한 교육과 노력이 필요하다는 것이다.

이처럼 공감이 성숙되어 가는 과정에 반주자처럼 항상 따라다니는 것이 바로 소극적 수용력이다. 바꿔 말하자면 소극적 수용력이 없는 곳에서는 공감이 자랄 수 없다.

현대사에서 대량 학살이 일어난 대표적인 곳을 세 군데 들자면 아우슈비츠 강제 수용소, 캄보디아의 킬링필드, 그리고 르완다일 것이다. 아우슈비츠에서는 독일인이 유대인을 학살했고, 킬링필드에서는 같은 민족 내에서 학살이 일어났고, 르완다에서는 후투족이 투치족을 학살했다.

그런 학살 현장에는 나카오 히로유키 선생님에게서 배운 '친절' 그리고 이호영 교수가 강조한 '공감'이 결여되어 있다. 그곳에는 소극적 수용력이 조금도 존재하지 않는다.

공감 능력이 풍부했던 어느 아이의 편지

최근 공감에 대한 책을 출간한 미국의 교육학 박사 미셸 보바 (Michele Borba)는 현대에 자기중심주의가 만연해 있다고 경고했다. 미국에서는 대학생 내에서도 자기중심주의가 30년 전에 비해 58% 증가했는데 이는 집단 괴롭힘이나 시험 부정행위가 만연해지는 원인이 되었다. 또한 중고등학생 다섯 명 가운데 한 명이 주위로부터 집단 괴롭힘을 당해 자살을 생각한 적이 있다고 한다. 대학생 가운데 70%는 시험 중에 부정행위를 한 적이 있고, 중고등학생 세 명 가운데 한 명은 집단 괴롭힘을 당해 우울감을 느꼈다는 통계 조사가 나와 있다.

보바 박사는 이처럼 자기중심주의가 만연한 세상일수록 풍부한 공감 능력을 갖춘 아이가 훗날 인생에서 성공할 수 있다고 강조했다. 나는 보바 박사가 자신의 저서에 소개한 경험담을 읽고 감동했다.

보바 박사가 르완다 내란으로 부모에게 버려진 청각장애 아이들을 돌보는 고아원을 방문했을 때 있었던 일이다. 그녀는 연필과자, 지우개, 공책이 가득 든 봉지를 차례차례 꺼냈다. 그것들은 미국 어린이들이 선물로 보낸 것이었다. 봉지 안에 무엇이 들어 있을지 궁금해하던 아이들은 학용품을 하나씩 꺼내어 보며 기뻐했다.

그런데 그중에 모든 학용품을 다 꺼내 늘어놓은 뒤에도 여전히 뭔가를 찾는 아이가 있었다. 혹시 사탕이라도 찾는 걸까 하고 보바 박사는 의아해했다.

그 소년이 결국 찾아낸 것은 편지였다. 편지를 발견한 소년은 편지를 손으로 쓰다듬고 냄새를 맡더니 다시 조심스럽게 펼쳤다. 그 모습을 본 보바 박사는 그 아이에게 다가가 내용을 번역해주었다.

안녕. 나는 야곱이라고 해. 나는 열 살이고, 미네소타에 살고 있어. 지도에서 네가 살고 있는 곳을 찾아봤어. 이 봉지 안에 여러 가지 물건을 넣었어. 물건을 넣으면서 너를 생각했어. 부디 이것들이 네 마음에 들었으면 좋겠다. 좋은 하루 보내.

—너의 새 친구, 미국에 사는 야곱이

그 소년은 편지에 적힌 글자를 한 글자 한 글자씩 뚫어져라 바라보고 몇 번을 확인하더니 편지를 꽉 끌어안고 눈물을 흘렸다. 그러고는 그 모습에 함께 눈물을 글썽인 보바 박사에게 수화로 '사랑'이라고 말했다.

소년에게는 다른 누군가가 자신을 생각해주고 있다는 사실을 아는 것이 필요했던 것이다. 보바 박사는 이러한 것이 전 세계 모든 아이들에게 필요할 것이라고 말했다. 즉 '공감'의 힘이 결국 인생을 바꾼다는 것이다.

공감으로 시작해 다시 공감으로 끝을 맺었다. 이 책을 읽은 여러분이 부디 공감의 토대가 되는 소극적 수용력의 힘을 깨닫고 삶을 조금이라도 더 편하게 느끼게 되기를 바란다. 만약 그렇게 된다면 그것만으로도 이 책은 목적을 달성하는 셈이다.

| 참고자료 |

시작하며

(1) Marqulies, A. : Toward empathy: the uses of wonder, *Am. J. Psychiatry* 141: 1025 – 1033, 1984.

1장

(1) Cook, E. (ed) : *John Keats*, Oxford University Press, Oxford, 1990.

(2) Keats, J. : *Bright star: Love letters and poems of John Keats to Fanny Brawne*, Penguin Books New York, 2009.

(3) Roe, N. : *John Keats: A New Life*, Yale University Press, London, 2013.

(4) Brown, S., Cacciatore, V., Donini, F., Haslam, R., Payling, C. : Keats-Shelley Memorial Association: *Keats and Italy: A history of the Keats-Shelley House in Italy*, Il Labirinto, Rome, 2005.

(5) Keats, J. : *Selected Poems*, Penguin Books, London, 2007.

(6) Hebron, S. : *John Keats: A poet and his manuscripts*, British Library, Lodnon, 2009.

2장

(1) ピショー, P (帚木蓬生, 大西守訳) : 『精神医学の二十世紀』, 新潮選書, 1999.

(2) Bléandonu, G. : *Wilfred R. Bion: La vie et l'oeuvre, 1897-1979*, Dunod, Paris, 1990.

(3) Bion, W. R. : *The long week-end, 1897-1919: part of a like*, Karnac, London, 1991.

(4) Bion, W. R. : *War memoirs 1917-1919*, Karnac, London, 1997.

(5) Bion, W. R. : *Attension and interpretation*, Karnac, London, 1993.

(6) Bion, W. R. : *Clinical seminars and other works*, Karnac, London, 2000.

(7) Bion, W. R. : *A memoir of the future*, Karnac, London, 1991.

(8) Robinson, H. T. : 'The bespoke universe': Shakespeare, Freud and Beckett, tailors and outfitters, *Brit. J. Psychotherapy* 17: 181 – 191, 2000.

(9) Mayers, D. : Bion and Beckett together, *Brit. J. Psychotherapy* 17: 192 – 202, 2000.

(10) Craig, G. : Talking to himself being together, *Brit. J. Psychotherapy* 17: 203 - 214, 2000.

3장

(1) 山鳥重 : 『'わかる'とはどういうことか―認識の脳科学』, ちくま新書, 2002.

(2) Greilsamer, L. : *Le Prince foudroyé, La vie de Nicolas de Staël,* Fayard, Paris, 1998.

(3) 黒井千次 : 「知り過ぎた人」, 学士会会報 912: 63 - 65, 2015.

(4) Bion, W. R. : On a quotation from Freud, 1926, in *Clinical seminars and other works*, Karnac, London, 2000.

(5) Bion, W. R. : Four discussions, 1976, in *Clinical seminars and other works*, Karnac, London, 2000.

4장

(1) Phillips, A. : Winnicott: An introduction, *Br. J. Psychiatry* 155: 612 - 618, 1989.

(2) 帚木蓬生 : 「治すことはできませんが, トリートメントはできます」, 日本病院会雑誌 59: 1192 - 1201, 2012.

(3) 森山成 : 「精神療法を底支えするもの」, 臨床精神医学 39: 1485 - 1489, 2010.

5장

(1) 森山成 : 「身の上相談所としてのメンタルクリニック」, 現代のこころの病―外来精神医療シリーズ Ⅱ, 現代のエスプリ 478: 57 - 66, 2008.

(2) 帚木蓬生 : 「終活ではなく老活 (老いてなお活動) で生き尽くそう」, 日本老年医学会 (2015.6.13) と, 久留米大学医学部第二内科同門会 (2015.6.20) での講演

(3) 森山成 : 「聖地ルルドの医学検証所と患者受け入れ病院を訪ねて」, 臨床精神医学 45: 1077 - 1084, 2016.

(4) 帚木蓬生 : 「治すことはできませんが, トリートメントはできます」, 看護五八: 20 - 21, 2006.

6장

(1) 山鳥重 : 『「わかる」とはどういうことか―認識の脳科学』, ちくま新書, 2002.

(2) 森山成 : 「ギャンブル障害の倫理的・法的・社会的問題と治療」, Brain and Nerve 66, 2016.

(3) 帚木蓬生：『風花病棟』,新潮文庫,2011.

(4) 瀧川守國：「貼り絵のナイーヴ画家・山下清とその放浪の軌跡―サヴァン症候群の視点より」,九州神経精神医学 61:166 - 175, 2015.

(5) レフ,(森山成,朔元洋訳)：『地球をめぐる精神医学』,星和書店,1991.

(6) 帚木蓬生：「プラシーボに現れる〈こころ〉」,川添信介,高橋康夫,吉澤健吉(編)『こころの謎 kokoroの未来』,京都大学学術出版会,2009.

(7) Guess, H. A., Engel, L. W. Kleinman, A., Kusek, J. W., (ed)：*Science of the placebo: Toward an interdisciplinary research agenda*, BMJ Books, London, 2002.

(8) Moerman, D.：*Meaning, medicine and the placebo effect*, Cambridge University Press, Cambridge, 2002.

(9) Thompson, W. G.：*The placebo effect and health: combining science & compassionate care*, Prometheus Books, New York, 2005.

(10) Beecher, H. K.：The powerful placebo, *J.A.M.A.* 159: 1602 - 1606, 1955.

(11) Cobb, L. A., Thomas, G. I., Dillard, D. H. et al.：An evaluation of internal- mammary-artery litigation by a double-blind technic, *New E.J.Med.* 260: 1115 - 1118, 1959.

(12) Lyerly, S. B., Ross, S., Krugman, A. D., Clyde, D. J.：Drugs and placebos: The effects of instructions upon performance and mood under amphetamine sulfate and chloral hydrate, *J.Abn.Soc.Psychol.* 68: 321 - 327, 1964.

(13) Shapiro, A. K.：Etiological factors in placebo effect, *J.A.M.A.* 187: 712 - 714, 1964.

(14) Blackwell, B., Bloomfield, S. S., Buncher, C. R.：Demonstration to medical students of placebo responses and non-drug factors, *Lancet.* 1279 - 1282, 1972.

(15) Gryll, S. L., Katahn, M.：Situation factors contributing to the placebos effect, *Psychopharmacology* 57: 253 - 261, 1978.

(16) Benson, H., McCallie, D. P.：Angina pectoris and the placebo effect, *New E.J.Med.* 300: 1424 - 1429, 1979.

(17) The Coronary Drug Project Research Group：Influence of adherence to treatment and response of cholesterol on mortality in the coronary drug project, *New E.J.Med.* 303: 1038 - 1041, 1980.

(18) Branthwaite, A., Cooper, P.：Analgesic effects of branding in treatment of headaches, *Br. Med.J.* 282: 1576 - 1578, 1981.

(19) Hussain, M. Z., Ahad, A.：Tablet colour in anxiety states, *Br.Med.J.* August 22: 466, 1970.

(20) Gracely, R. H., Dubner, R., Deeter, W. R., Wolskee, R. J.：Clinician's expectations influence placebo analgesia, *Lancet.* January 5: 43, 1985.

(21) Lasagna, L.：The placebo effect, *J.Allergy Clin.Immunol* 78: 161 - 165, 1986.

(22) Kirsch, I., Weixel, L. J.：Double-blind versus deceptive administration of a placebo, *Behav.Neurosci* 102: 319 - 323, 1988.

(23) Fillmore, M., Vogel-Sprott, M. : Expected of caffeine on motor performance predicts the type response to placebo, *Psychopharmacol*. 106: 209 - 214, 1992.

(24) Desharnais, R., Jobin, J., Côté, C. et al. : Aerobic exercise and the placebo effect, a controlled study, *Psychosom.Med*.55: 149 - 154, 1993.

(25) Turner, J. A., Deyo, R. A., Loeser, J. D. et al. : The importance of placebo effects in pain treatment and research, *J.A.M.A*. 271: 1609 - 1614, 1994.

(26) Johnson, A. G. : Surgery as a placebo, *Lancet* 344: 1140 - 1142, 1994.

(27) Fillmore, M. T., Mulvihill. L. E., Vogel-Sprott, M. : The expected drug and its expected effect interact to determine placebo responses to alcohol and caffeine, *Psychopharmacol*.115: 383 - 388, 1994.

(28) Ernst, E., Resch, K. L. : Concept of true and perceived placebo effects, *Brit.Med.J*.311: 551 - 553, 1995.

(29) Rothman, K. J. : Placebo mania, *Brit.Med.J*.313: 3 - 4, 1996.

(30) Kaptchuk, T. J. : Powerful placebo: the dark side of the randomised control trial, *Lancet* 351: 1722 - 1725, 1998.

(31) Mayberg, H. S., Silva, J. A., Brannan, S. K. et al. : The functional neuroanatomy of the placebo effect, *Am.J.Psychiatry* 159: 728 - 737, 2002.

(32) Kupfer, D. J., Frank, E. : Placebo in clinical trials for depression, *J.A.M.A*. 287: 1853 - 1854, 2002.

(33) Barsky, A. J., Saintfort, R., Rogers, M. P., Borus, J. F. : Nonspecific medication side effects and the nocebo phenomenon, *J.A.M.A*.287: 622 - 627, 200

(34) Leuchter, A. F., Cook, I. A., Witte, E. A. et al. : Changes in brain function of depressed subjects during treatment with placebo, *Am.J.Paychiatry* 159: 122 - 129, 2002.

(35) Moerman, D. E., Jonas, W. B. : Deconstructing the placebo effect and finding the meaning response, *Ann.Int.Med*.136: 471 - 476, 2002.

(36) Walsh, B. T., Seidman, S. N., Sysko, R., Gould, M. : Placebo response in studies of major depression: variable, substantial, and growing, *J.A.M.A*.287: 1840 - 1847, 2002.

(37) Hedges, D., Burchfield, C. : The placebo effect and its implications, *J.Mind Behav*. 26: 161 - 179, 2005.

(38) Schneider, R. : The psychology of the placebo effect: exploring meaning from a functional account, *J.Mind Behav*. 28: 1 - 17, 2007.

(39) Scott, D. J., Stohler, C. S., Egnatuk, C. M. et al. : Placebo and nocebo effects are defined by opposite opioid and doperminergic responses, *Arch.Gen.Psychiatry* 65: 220 - 231, 2008.

(40) Bridge, J. A., Birmaher, B., Iyengar, S. et al. : Placebo response in randomized controlled trials of antidepressants for pediatric major depressive disorder, *Am.J.Psychiatry* 166: 42 - 49, 2009.

7장

(1) 森山成一：「創造行為とnegative capability」, 臨床精神医学 30 増刊：191 - 195, 2001.

(2) Cook, E. (ed.)：*John Keats: A critical edition of the major works*, Oxford University Press, Oxford, 1990.

(3) 森山成一：「精神科医と作家」, 神庭重信(編著)『私の臨床精神医学―九大精神科講演録』, 創元社, 2014.

8장

(1) *Time*, April 4, 2016, pp.43 - 45.

(2) Calef, V.：Lady Macbeth and infanticide: Or "how many children had Lady Macbeth" murderd?, *J.Am.Psychoanal.Assoc*.17：528 - 548, 1969.

(3) Rose, G.J.：King Lear and the use of humor in treatment, *J.Am.Psychoanal.Assoc*.17：927 - 940, 1969.

(4) Margo, G.H.：Pathway to the unconscious：a parallel analysis of Shakespeare's King Lear and Davanloo's central dynamic sequence, *Int.J.Short-term Psychotherapy* 7：199 - 210, 1992.

(5) 河合隼雄：『源氏物語と日本人―紫マンダラ』, 岩波現代文庫, 2016.

(6) 瀧浪貞子(編)：『源氏物語を読む』, 吉川弘文館, 2008.

(7) 今井源衛：『紫式部』, 吉川弘文館, 1985.

(8) 倉本一宏：『紫式部と平安の都』, 吉川弘文館, 2014.

(9) 鈴木一雄(監修), 中嶋尚(編)：『源氏物語の鑑賞と基礎知識 no.7 帚木』, 至文堂, 1999.

(10) 鈴木一雄(監修), 小谷野純一(編)：『源氏物語の鑑賞と基礎知識 no.36 蓬生・関屋』, 至文堂, 2004.

(11) 吉海直人(編)：『源氏物語研究ハンドブック―巻別・テーマ別研究文献目録 1・2』, 翰林書房, 1999.

(12) 帚木蓬生：『賞の柩』, 集英社文庫, 2015.

(13) Yourcenar, M.：*Nouvelles orientales*, Gallimard, Paris, 2011.

(14) Barbier, C.：*Etude sur nouvelles orientales*, Ellipses, Paris, 2015.

9장

(1) 今道友信：『教えるこころ―新しい時代の教育への提言』, 女子パウロ会, 2011.

(2) Alter, C.：The secrets of super siblings: Nine families raised children who all went on to extraordinary success. Here's what they have in common, *Time*, September 5, 2016, pp.

26 – 33.

10장

(1) 渡辺一夫:『寛容について』,筑摩書房,1972.

(2) 渡辺一夫:『狂気について一他二十二篇 渡辺一夫評論選』,岩波文庫,1993.

(3) 刀根良典:http://thone-zen.com/

(4) マザー・テレサ(いなますみかこ訳):『日々のことば』,女子パウロ会,2009.

(5) 帚木蓬生:『ヒトラーの防具』(上下),新潮文庫,1999.

(6) Lafont, M.: *L'extermination douce*, Editions de l'Arefppi, Lyon, 1987.

(7) *Time*, December 21, 2016.

(8) 高田博行:『ヒトラー演説一熱狂の真実』,中公新書,2014.

(9) 日本戦没学生記念会(編):『きけわだつみのこえ一日本戦没学生の手記』,岩波文庫,1982.

(10) 久米茂:「『わだつみの世代』から一虚無をのみ頼みたる日々のことなど一」, 兵役創刊号: 1980.

(11)『昭和一二万日の全記録』第六巻「太平洋戦争一昭和16年~19年」,講談社,1990.

(12) 窪島誠一郎:『無言館一戦没画学生 「祈りの絵」』,講談社,1997.

(13) 五味川純平:「原点としてのわが "戦争と人間"一自らが足下に踏みにじった民族の "痛み"とは」,潮142:191 – 195,1971.

(14)『昭和一二万日の全記録』第二巻「大陸にあがる戦火一昭和4年~6年」,講談社,1989.

(15) 池田清(編), 太平洋戦争研究会(著):『図説・太平洋戦争』,河出書房新社,1995.

마치며

(1) 帚木蓬生:「中尾弘之先生の文章教室九州大学精神科一百年の航跡」, 九州大学精神科教室開講百周年記念事業実行委員会,2006.

(2) 帚木蓬生:『カシスの舞い』新潮文庫,1986.

(3) 李鎬榮先生私信

(4) 森山成, 藤原洋子, 三箇栄司:「韓国ソウルの3精神科施{設を訪ねて一現代韓国の精神医学事情」,精神医学 56:617 – 624,2014.

(5) Borba, M.: *Unselfie, why empathetic kids succeed in our all-about-me world*, Touchstone, New York, 2016.

(6) イリバギザ・アーウィン,S(原田葉子訳)『ゆるしへの道一ルワンダ虐殺から射してくる,ひとすじの光』,女子パウロ会, 2013.

불확실성을 이기는 비밀, 소극적 수용력

답이 보이지 않는 상황을 견디는 힘

초판 1쇄 인쇄 2018년 12월 1일
초판 1쇄 발행 2018년 12월 5일

지은이 하하키기 호세이
옮긴이 황세정

발행인 양문형
펴낸곳 끌레마
등록번호 제313-2008-31호
주소 서울시 종로구 대학로 14길 21 (혜화동) 민재빌딩 4층
전화 02-3142-2887   팩스 02-3142-4006
이메일 yhtak@clema.co.kr

ISBN 979-11-89497-00-2 (03180)

• 값은 뒤표지에 표기되어 있습니다.
• 제본이나 인쇄가 잘못된 책은 바꿔드립니다.

이 도서의 국립중앙도서관 출판예정도서목록(CIP)은 서지정보유통지원시스템
홈페이지(http://seoji.nl.go.kr)와 국가자료공동목록시스템(http://www.nl.go.kr/kolisnet)에서
이용하실 수 있습니다.(CIP제어번호: CIP2018036760)